CENTENAIRE DU LYCÉE

(1804-1904)

ASSOCIATION AMICALE DES ANCIENS ÉLÈVES DU LYCÉE HENRI IV

CENTENAIRE DU LYCÉE

(1804 - 1904)

COMPTE RENDU
DE LA FÊTE DU CENTENAIRE
PRÉCÉDÉ D'UNE
NOTICE HISTORIQUE
SUR L'ANCIENNE ABBAYE DE Ste-GENEVIÈVE ET SES BATIMENTS

TYPOGRAPHIE FIRMIN-DIDOT ET Cie
56, rue Jacob, Paris
En vente chez M. BRELET, trésorier de l'Association
151, rue de Sèvres

L'ABBAYE
DE SAINTE-GENEVIÈVE

508-1790

PREMIÈRE PARTIE

HISTOIRE

On ne contestera point au Lycée Henri IV le droit d'adopter en partie comme sienne l'histoire de l'abbaye de Sainte-Geneviève, dont les bâtiments ont reçu ses premiers élèves presque au début du siècle dernier. En perpétuant la vie intellectuelle dans une maison pour laquelle c'eût été une déchéance d'être transmise à des hôtes uniquement adonnés à des occupations matérielles, il s'est rattaché au passé génovéfain par une sorte de filiation qui lui permet de donner comme préliminaire à ses propres annales l'étude des lieux où, avant la date de sa fondation, d'autres dates ont mérité d'être signalées, où tant de générations se sont succédé et ont laissé le souvenir et la trace de leur passage. On prête souvent une âme aux vieilles demeures, et avec raison, si l'on entend par là une sorte de hantise et l'influence qu'elle exerce sur l'imagination. C'est autre chose pour l'écolier de grandir entre des murs vides de souvenirs, ou de se former, pour ainsi dire, en pleine histoire, entre le présent et le passé, un passé de quinze siècles qui parle à ses yeux et lui devient si familier que plus tard, même au milieu des vulgarités de la vie, l'image lui en reste cependant présente. Lorsque, sous le pinceau de Puvis de Chavannes, se déroulait au Panthéon, épisode après épisode, le cycle de sainte Geneviève, l'artiste, ancien élève d'Henri IV, réalisait peut-être (y a-t-il invraisemblance à le supposer?) quelques-unes des visions qui avaient charmé sa jeunesse de collégien, à l'ombre de la Tour de Clovis, sur le sol consacré par la légende.

En effet, les origines de l'Abbaye appartiennent encore plus à la légende qu'à l'histoire et force est bien d'invoquer en sa faveur le privilège que Tite-Live revendique pour les historiens de Rome, celui d'embellir au besoin par des récits merveilleux les premières années de leur patrie. L'église des apôtres Pierre et Paul qui, en dépit de la volonté royale impuissante à prévaloir sur la volonté populaire, finit par ne plus être connue que sous le nom de Geneviève, passe pour avoir été bâtie par Clovis comme monument de la victoire remportée sur les Wisigoths dans les plaines de Vouillé et en accomplissement d'un vœu obtenu de lui par Clotilde et par Geneviève (508?). Il voulut qu'elle s'élevât sur le mont Leucotitius dont le palais des Thermes occupait le versant septentrional, en regard de la Lutèce insulaire, l'ancien oppidum des nautes parisiens, et, pour en déterminer l'emplacement, il lança devant lui sa framée, afin que la postérité pût mesurer la vigueur de son bras d'après la longueur de l'édifice. Suivant M. de Ménorval (*Paris*, I, p. 94), cette scène d'une couleur si caractéristique aurait précédé l'entrée en campagne et ce serait en 506 ou 507 que, pour s'assurer avant tout la protection du Dieu de Clotilde, Clovis aurait jeté les fondements de sa basilique à la place où déjà avait été élevé un oratoire sur la tombe de Prudentius, huitième évêque de Paris. Ce qui est certain, c'est que la consécration de l'église fut la consécration de Paris comme capitale de la Gaule mérovingienne, « cathedram Regni », dit Grégoire de Tours.

Sous le patronage de Geneviève, la ville se préparait déjà au rôle que lui assura définitivement l'avènement de la dynastie capétienne. Dans l'intention du roi, le nouveau sanctuaire devait être magnifique : ce fut « une de ces basiliques du ve et du vi^e siècle qui, sans être remarquables par la grandeur de leurs proportions architectoniques, étaient ornées à l'intérieur de colonnes de marbre, de mosaïques, de lambris peints et dorés, et à l'extérieur d'un toit de cuivre et de peintures à fresque » (abbé Faudet,

Notice sur la paroisse Saint-Étienne du Mont. Grég. de Tours, II, 14 et 16). Le roi frank résida-t-il au Palais de l'empereur Julien, ou préféra-t-il, comme le pense M. de Ménorval, le voisinage de son église à laquelle il avait ajouté des constructions qui figurent encore sur les anciens plans sous le nom de « Château de Clovis »? Ses successeurs y firent-ils quelques rares séjours? L'affirmer serait donner une hypothèse comme une certitude. Du moins, ces bâtiments ne tardèrent pas à être abandonnés aux moines desservants de l'église et réunis en communauté; Clovis, mort le 27 novembre 511, y fut inhumé et Geneviève l'y suivit de près. Quant à la reine, elle vécut jusqu'en 543; après la mort de son mari, elle avait fait achever l'église que celui-ci n'avait pas vue terminée, puis elle s'était retirée à Tours. Cependant elle logeait encore au Palais de Julien lorsque Clotaire immola les enfants de son frère Clodomir et que, impuissante à lui inspirer des sentiments de pitié pour ses petits-fils, elle n'eut plus qu'à faire « poser les petits corps sur un brancard pour les conduire avec beaucoup de chants pieux et une immense douleur à l'église de Saint-Pierre où on les enterra tous deux de la même manière » (Grég. de Tours). Quand elle eut rendu elle-même le dernier soupir, son corps rapporté à Paris fut inhumé à côté du tombeau de Clovis.

La basilique ne devait plus recevoir de tombes royales, mais elle se peupla néanmoins de monuments funéraires et les reliques de Geneviève et de Clotilde n'y furent pas seules vénérées; outre celles de Prudentius qui y avaient trouvé un asile, les fidèles y venaient prier devant la châsse de saint Céran, évêque de Paris sous Clotaire II, qui avait le don de guérir les rages de dents, ainsi qu'en faisaient foi des vers gravés au bas de son image et chantés le jour de sa fête :

> Ægris fert remedium mœstisque solatium;
> Ingens malum dentium, torquens ora gentium
> Pacificat gratis.

En 577, lors du procès intenté à l'évêque Prétextat, la Basilique fut désignée pour être le lieu du jugement. Grégoire de Tours, témoin et acteur dans ce drame judiciaire, en a exposé les péripéties dans une saisissante narration. Quarante-cinq évêques réunis en synode composaient le tribunal, les uns franks, les autres gallo-romains; afin de terroriser ceux que l'or n'avait pu décider à servir les vengeances de Frédégonde, Chilpéric fit camper ses leudes sur la montagne, et le triple portique qui régnait autour du monument fut envahi par des soldats armés et poussant des clameurs menaçantes. Pour en finir, les hommes du roi arrachèrent le prélat au sanctuaire et le jetèrent dans la vieille prison de la Cité, Carcer Glaucini (dont le nom altéré a été porté par une rue, rue Glatigny aujourd'hui disparue), d'où, après avoir été odieusement brutalisé, il fut envoyé en exil à Jersey. Le droit d'asile reconnu aux églises avait été violé et cependant, s'il en était une privilégiée à cet égard, c'était la basilique des Apôtres : aux murs de l'abbaye demeura longtemps scellé un anneau, dit l'*Anneau de Salut;* si un condamné parvenait à le toucher, il échappait au supplice. Est-ce le même anneau, qui, dans la légende de Robert le Diable, père de Guillaume le Conquérant, trouve un emploi bien différent (1)? Le terrible Normand, tombé malade à Paris, avait fait demander à l'abbé de lui confier une de ses reliques, comme moyen de guérison ; à une époque où le vol des reliques était tenu pour œuvre pie, le moine jugea qu'il y avait autant de danger à consentir qu'à refuser et, croyant se tirer d'embarras, il envoya au malade un os de chat contenu dans un reliquaire; pour le malheur de l'abbé, la guérison fut néanmoins obtenue, et le convalescent, averti de la fraude et furieux d'avoir été joué, courut au monastère, en força la porte et fit pendre l'abbé à l'anneau utilisé en cette circonstance comme instrument de supplice. Du moins, Robert le Diable ne mit pas le feu à l'abbaye, ainsi que l'avaient fait ses ancêtres deux siècles plus tôt.

De mauvais jours pour la fondation mérovingienne, sans parler de l'indifférence des conquérants carolingiens pour une sainte de race étrangère, furent en effet ceux des invasions normandes : à l'approche du danger, les moines n'avaient d'autre ressource que de fuir, emportant leurs reliques, avec la perspective de ne retrouver que des ruines à leur retour. A quatre reprises ils virent la Seine se couvrir de ces longues barques « à la carène plate, à la

(1) Voir l'abbé Lebeuf (II, p. 578 et suivantes).

proue aiguë, aux voiles blanches », que Charlemagne avait vues, non sans un triste pressentiment, passer à l'horizon devant un

Ancienne église Sainte-Geneviève, vers 1516, d'après un dessin de Saint-Aulaire publié par A. Lenoir.

port de la Méditerranée. La première apparition est de 845 : l'abbé Herbert emmène à Athis d'abord, à Draveil ensuite, le corps de la Sainte enfermé dans le coffret de bois qui en fut le premier reliquaire; en **856** et en **861**, nouvelles alertes. Vingt-quatre ans plus tard (**885**), les faubourgs de Paris avaient eu le temps de réparer leurs ruines lorsqu'ils furent encore plus impitoyablement dévastés; Sainte-Geneviève fut brûlée, le Palais des Thermes saccagé, l'aqueduc d'Arcueil détruit; la Cité, du moins, repoussa victorieusement huit furieux assauts. L'abbé de Saint-Germain des Prés, Ebble, fut l'un de ses plus héroïques défenseurs; la place de celui dont l'église était vouée à la patronne de Paris, l'abbé de Sainte-Geneviève, eût été à côté d'Ebble ; mêla-t-il même sa voix à celle des Parisiens qui adressaient au ciel leur lugubre litanie :

De la fureur des Normans délivre-nous, Seigneur!
A furore Normanorum libera nos, Domine!

Les assiégés virent clairement dans les nues les patrons de Paris, saint Germain et sainte Geneviève, qui leur assuraient la victoire; car la lutte mérita de prendre dans le poème du moine bénédictin Abbon la couleur d'une épopée. L'église des Apôtres qui portait déjà le nom de Sainte-Geneviève, ainsi que l'établit un texte de **811**, fut rendue à la piété des fidèles; mais l'histoire de ses bâtiments et de ses reconstructions est des plus obscures, et ne permet pas de s'aventurer dans des affirmations; peut-être furent-ils refaits une première fois, deux cents ans après la mort de Clovis; ceux des murs que les Normands avaient laissés debout subsistèrent en partie, puisque l'on reconnaissait des traces d'incendie dans la reconstruction exécutée vers **1177** par l'abbé Étienne, évêque de Tournay. Mais, si l'on s'en rapporte au style même du bâtiment, la réédification définitive, d'après le témoignage le plus irrécusable, celui des pierres elles-mêmes, ne remonterait qu'au ^{e}XIII siècle, et les travaux ultérieurs n'en modifièrent plus les grandes lignes (note A).

Quant au personnel du monastère, la dispersion avait eu des conséquences graves pour la discipline et l'on dut mettre à la place des moines un chapitre de chanoines séculiers. Les origines de la bibliothèque génovéfaine ne sont pas moins obscures que celle des constructions. On suppose que la maison eut, à une époque voisine de sa fondation, des écoles possédant un certain

Châsse de sainte Geneviève placée dans le chœur de l'ancienne église Sainte-Geneviève.

nombre de manuscrits, mais c'est seulement vers l'an mille qu'il est question d'écoles génovéfaines dans une chronique d'Anselme de Liège, et rien ne prouve que la maison ait été dès lors un foyer d'étude bien actif. Du moins, les dons du souverain et des fidèles l'enrichissaient matériellement; le bon roi Robert fut un de ses plus généreux bienfaiteurs; il aurait fait bâtir le cloître, les dortoirs, etc..., mais la chose reste à prouver. L'excès de la prospérité, comme l'excès du malheur, est une source de désordre. L'indiscipline s'introduisit une seconde fois à Sainte-Geneviève qui était sur la pente de la décadence le jour où une aventure racontée par Mézeray et digne de fournir, comme le lutrin de la Sainte-Chapelle, matière à une épopée héroï-comique, attira l'attention sur la mauvaise tenue et le mauvais esprit du cloître et en fit décider la réforme (1147). Le pape Eugène III venait d'y officier; le roi Louis VII, invité à la cérémonie, avait offert une riche étoffe pour draper le prie-Dieu du Saint-Père; pendant que le pontife se déshabillait dans la sacristie, ses gens voulurent mettre la main sur le tapis, mais les chanoines le leur disputèrent et cela si âprement que, au milieu de la bagarre, le prince, qui avait voulu intervenir, reçut quelques coups; il y aurait eu même des officiers du pape mortellement blessés. Avant de dire quelles furent pour les coupables les conséquences de cette mêlée, n'oublions pas de rappeler que, d'après les vieux historiens de Paris, le pape avait fait son entrée dans l'abbaye par une porte spécialement ouverte pour cette circonstance, mais lorsqu'ils confondent cette porte avec une porte dite papale, pratiquée dans l'enceinte de Paris et d'ailleurs condamnée, ils oublient que la ville ne fut fortifiée sur ce point que sous le règne suivant (1). Faut-il considérer comme plus authentique l'anecdote de la « semaine aux deux jeudis »? Rien ne s'y oppose (voir Brice, *Description de Paris*, II, p. 21). Eugène III ayant annoncé son entrée pour un jeudi, se serait vu contraint par une pluie torrentielle de remettre la solennité au lendemain, mais, pour que la joie des Parisiens fût sans mélange, il décréta, en sa qualité de souverain pontife, que le vendredi serait un second jeudi et, par conséquent, jour gras.

Louis le Jeune était à la veille de partir pour la Croisade, mais il laissa des ordres à Suger et celui-ci tira de Saint-Victor douze

---

(1) Saint-Germain des Prés avait aussi sa porte papale; ce monastère n'étant pas compris dans l'enceinte de Paris, s'était entouré d'un mur crénelé et d'un fossé.

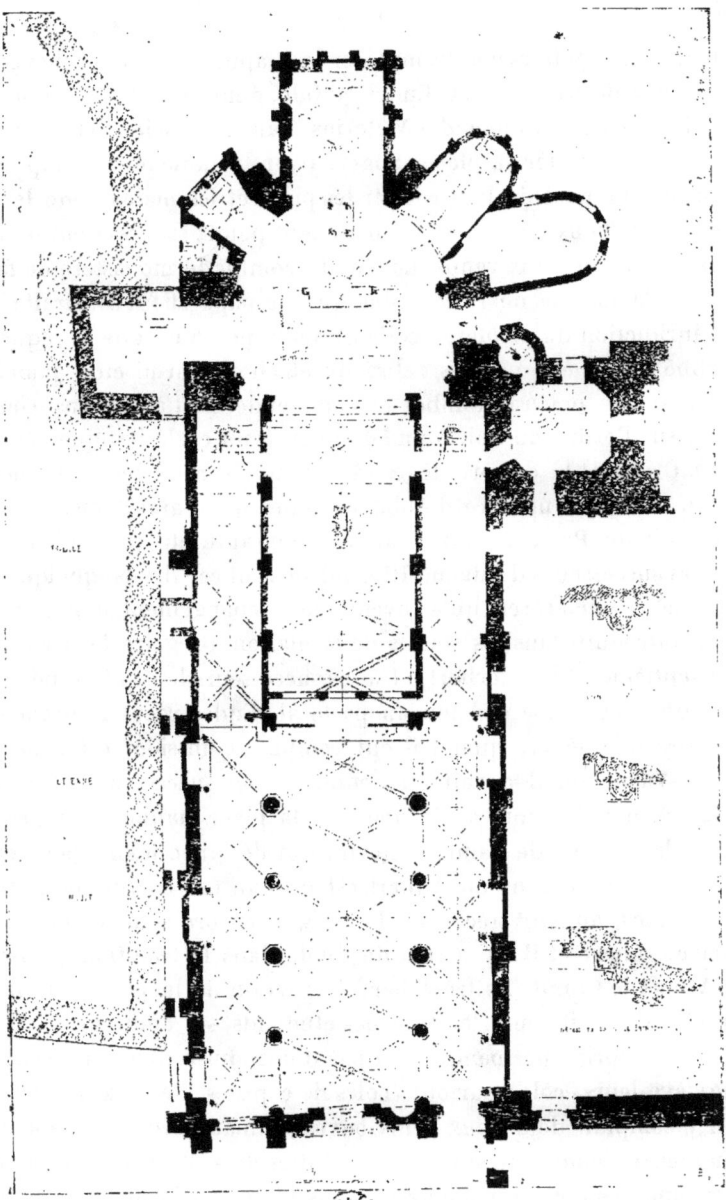

Abbaye de Sainte-Geneviève. — Plan de l'église. (*Statistique monumentale de Paris*, par A. Lenoir.)

chanoines réguliers pour remplacer le chapitre séculier et chargea le prieur de Saint-Victor, Eudes ou Odo, d'introduire à Sainte-Geneviève les institutions des Victorins. Mais, les anciens chanoines refusant de céder la place, Suger, pour les amener à composition, les menaça de leur couper les pieds et les mains et de leur crever les yeux s'ils ne se soumettaient point ; ils cessèrent d'insulter les nouveaux venus. Eugène III combla le monastère de faveurs ; la maison ne releva plus que du pape et fut soustraite à la juridiction du primat, à celle du métropolitain et de l'évêque ; l'abbé serait élu par les religieux et choisi parmi eux ; jamais l'Abbaye ne pourrait tomber en commende, c'est-à-dire être confiée, sur l'ordre du Roi, à un laïque ou à un ecclésiastique séculier. C'étaient là des privilèges exceptionnels, accordés en France à un très petit nombre d'Abbayes, telles que Saint-Denis, Saint-Germain des Prés, Cîteaux, Cluny, Fontevrault, etc. (note B). Plusieurs successeurs d'Eugène III confirmèrent ces droits, quelques-uns même déclarèrent qu'à l'avenir aucun changement ne pourrait être introduit dans les statuts de la maison. Grégoire IX accorda au septième abbé, Herbert, et à ses successeurs le droit de porter la mitre, la crosse et l'anneau pastoral. Eudes reçut le premier le titre d'abbé et, quand il eut rempli sa mission, retourna à Saint-Victor où il devait être enterré. Son successeur fut Jean Aubert, dont le nom a été donné à la place Maubert comprise dans la censive de Sainte-Geneviève et désignée même pour en être le lieu d'exécution ; Aubert est devenu par corruption Maubert, mais, au xiii° siècle, on la désigne encore sous le nom de place Aubert et il n'y a rien de fondé dans la tradition qui fait d'Albert le Grand (Maître Albert) le parrain de la place, sur laquelle il aurait réuni la foule des étudiants, ses auditeurs.

Les Victorins ne manquèrent pas d'introduire dans Sainte-Geneviève leurs écoles, surtout écoles de copistes ; dès le xiii° siècle, on y comptait déjà deux cents ouvrages manuscrits, dont aucun malheureusement ne survécut aux luttes du xvi° siècle. L'abbaye prit une position prépondérante dans l'Université ; jusqu'au jour où le pape institua la charge de recteur, le chancelier de Sainte-Geneviève en faisait les fonctions et avec le chancelier de Notre-

Dame conférait le droit d'enseigner, choisissait les examinateurs au grade de maître ès arts et exigeait d'eux le serment de ne présenter pour recevoir le bonnet que les candidats méritants.

Conservateur des privilèges apostoliques, l'abbé avait une délégation du Saint-Siège pour connaître et juger de toutes causes tant ecclésiastiques que civiles et profanes entre gens d'église. Sa « chambre apostolique » eut longtemps grande autorité, les appels de ses sentences ressortissaient immédiatement au Saint-Siège. Nombre d'ordres religieux, d'églises cathédrales et collégiales, de prieurés, d'abbayes, de collèges et d'hôpitaux étaient ses justiciables. Ses monitoires étaient redoutés, car celui qui refusait d'y obtempérer devait, disait-on, mourir dans l'année, ou tout au moins, perdre la santé (voir Le Maire).

La construction du mur de Philippe-Auguste qui, sur la rive gauche, coûta douze ans de travail (1208-1220) et compléta l'embastillement de la capitale, fut un immense avantage pour l'abbaye qui se trouva, pour sa sécurité, comprise dans la fortification et vit ses terrains vagues et ses clos naguère en culture se couvrir de constructions et devenir des quartiers populeux; l'abbé compta cinquante-quatre rues soumises à sa censive. Il fallut une église suffisante pour les habitants. La crypte, placée d'abord sous l'invocation de la Vierge, ensuite sous celle de saint Jean-Baptiste (Saint-Jean du Mont pour le peuple), avait tenu lieu d'église paroissiale aux gens du Bourg aussi longtemps qu'elle n'avait dû pourvoir qu'aux besoins spirituels des serviteurs et des ouvriers occupés par le couvent, mais, avec l'afflux de la population, une église distincte devint indispensable : Saint-Étienne du Mont fut fondé, vers 1221, à côté de l'abbatiale, simple chapelle d'abord, et si complètement subordonné à sa voisine qu'il n'avait aucune communication avec l'extérieur et que l'on y pénétrait uniquement par une porte donnant sur le chœur de la basilique. Cette servitude durera plusieurs siècles; il faudra, pour affranchir Saint-Étienne, l'érection d'une nouvelle église, le Saint-Étienne du Mont d'aujourd'hui (de 1517 à 1524), le terrain lui sera terriblement marchandé et le droit d'avoir une flèche et un clocher lui sera encore plus disputé. L'indépendance ne sera même jamais complète, tant que durera l'ancien régime. Les curés ne pouvaient être pris que parmi les Génovéfains (1); aussi restèrent-ils fidèles à l'esprit de la congrégation; plusieurs d'entre eux prétendirent même participer aux privilèges du monastère pour se soustraire au contrôle épiscopal, comme ne relevant que de Rome. D'autre part, la paroisse savait bien protester contre l'abbé lorsqu'il se prévalait du passé pour revendiquer des droits ou des honneurs indus. Deux processions, par exemple, amenèrent quelques scènes des plus vives (Notice de l'abbé Faudet).

Mais ce ne seront là que les misères des siècles heureux, tandis que la Guerre de Cent Ans fit peser sur la France et sur Paris tous les maux de l'invasion étrangère et de la guerre civile. Sainte-Geneviève, s'associant aux passions de cette triste époque, se prononça contre les Armagnacs et prit parti pour les Bourguignons; le fameux Caboche, qui terrorisa la ville, était le fils d'un boucher, titulaire d'un étal dans la boucherie abbatiale de la Montagne et, par conséquent, l'un des clients de l'abbaye. Un autre boucher, Le Goix, étant revenu mourir à Paris d'une blessure reçue dans une sortie contre les Armagnacs, c'est à Sainte-Geneviève que lui furent faites des funérailles princières auxquelles assista Jean-sans-Peur. Il n'y a que trop lieu de présumer que les Génovéfains ne furent pas mieux disposés pour Jeanne d'Arc que les théologiens de la Sorbonne et le clergé de Paris; leur cœur cependant n'aurait pas dû rester fermé à une héroïne qui avait bien des traits de ressemblance avec leur patronne.

Lorsque Charles VII fit son entrée à Paris, ils se trouvaient terriblement appauvris et ce ne fut pas assez d'une longue période de calme pour rétablir leurs affaires, puisqu'ils n'eurent pas les ressources nécessaires pour restaurer leur église après le désastreux incendie de 1483 qui en détruisit la flèche et la partie supérieure du clocher, atteintes par deux coups de foudre; les flammes enveloppant tout l'édifice et faisant ruisseler de toute part le plomb fondu de la toiture, ce fut miracle si tout ne périt point. Le pape les autorisa à faire des quêtes dans tout le royaume, à vendre

(1) Le dernier curé génovéfain, Charles-Jules Bizet, fut à la tête de la paroisse de 1815 à 1821.

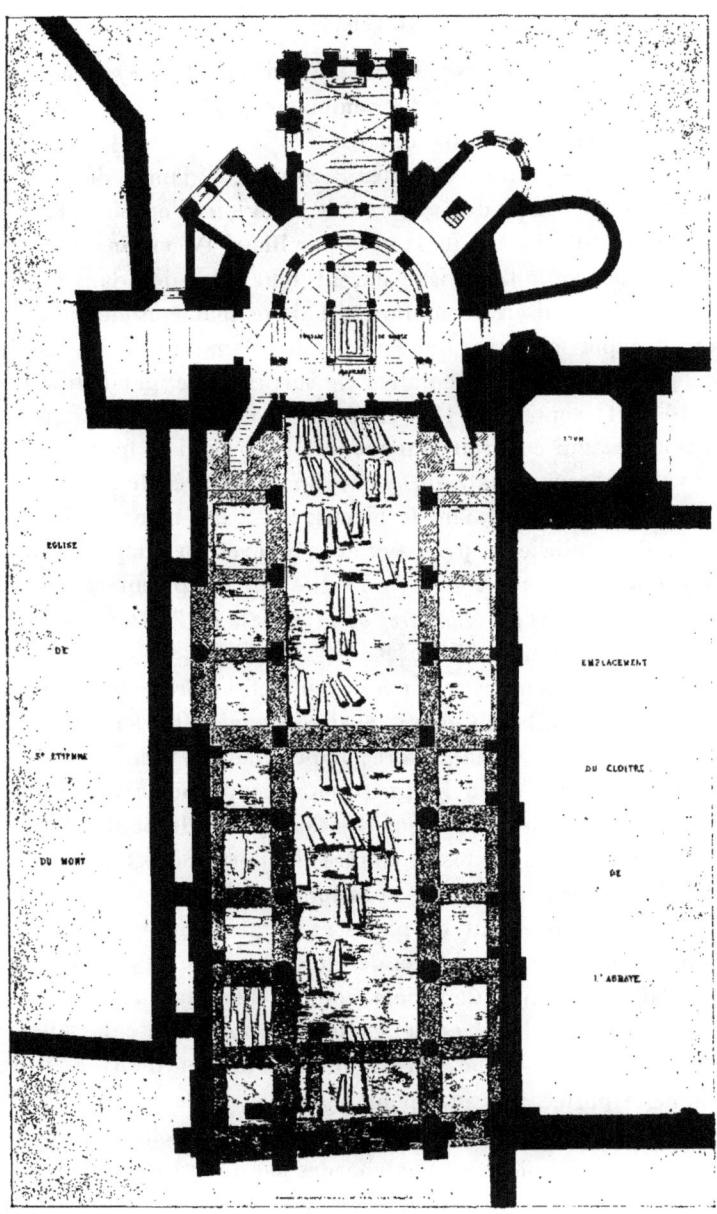

Abbaye de Sainte-Geneviève. — Plan de la crypte. (*Statistique monumentale de Paris*, par A. Lenoir.)

des indulgences à leurs pèlerins. Le Parlement leur concéda une partie des amendes et ce fut seulement grâce à cette assistance que les dégâts purent être réparés.

Les mauvais jours — et certes Paris n'en vit jamais de pires — revinrent au temps des guerres de religion; l'épreuve la plus terrible en fut le siège de la ville par Henri IV, et sans doute les moines de Sainte-Geneviève eurent leur part des dangers, des angoisses, des misères communes; mais le seul épisode qui doive nous occuper ici, parce que seul il a directement trait à l'histoire de leur maison, est la tentative de surprise que, pendant la nuit du 10 au 11 septembre 1590, le Béarnais dirigea contre la partie du rempart qui couvrait leur monastère, ou qui se trouvait dans son voisinage immédiat. Après ce coup désespéré, Henri IV se décida à lever définitivement le blocus. Il est fait mention de cette alerte dans plusieurs journaux et mémoires du temps (1); nous emprunterons le récit anonyme édité pour la première fois par M. A. Dufour dans les *Mémoires de la Société de l'histoire de Paris* (t. VII, p. 265, année 1881).

« ... Sur les deux heures après minuict, l'alarme redoubla en
« l'Université, attendu qu'on avait découvert les ennemis che-
« minants le long de la rivière, approchans de Sainct Victor et
« Sainct Marceau, et environ les quatre heures peu avant le jour,
« furent apperceuz à la lueur des flambeaux de paille allumez
« et jettez dedans le fossé, d'entre la porte Sainct Jacques et
« Sainct Marceau, au-dessus de la tour apellée Papalle, pour au-
« tant qu'antiennement les papes et légats venans à Paris, fai-
« saient leur entrée par icelle, derrière et à costé du grand jardin
« de l'abbaye Saincte Geneviefe, nombre d'hommes armez, ayans
« planté sept ou huict eschelles, le long du mur de la ville et
« deux jà montez sur la courtine prestz à descendre, avec aultre
« eschelle portée par eux, pour poser dedans la ville, entre la
« dicte courtine et le mur, dont ils furent empeschez et repoul-
« sez à coups de picques et halebardes par quatre jésuites et deux
« ou trois bourgeois de la ville, entr'aultres Nicolas Nivelle, li-

---

(1) Pierre de l'Estoile : Journal de Henri III et Henri IV. Relation de l'Italien Pigafetta. Henri IV parle de cette affaire (Lettres missives).

« braire, et ung escossois, advocat en la Cour de Parlement,

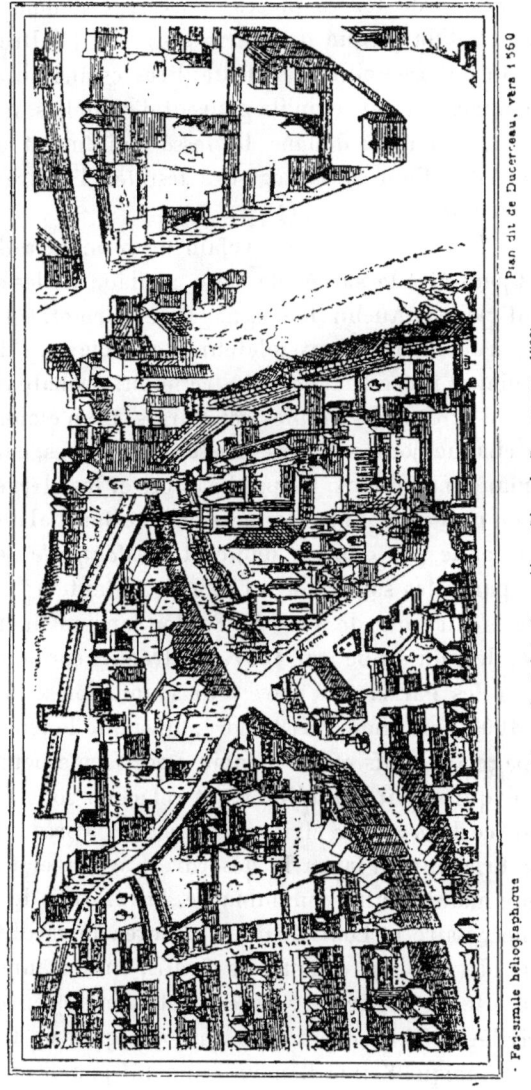

Abbaye de Sainte-Geneviève. (Plan de Ducerceau, 1560).

« nommé Guillaume Balden, qui se rencontrèrent sur le lieu lors
« despourveu d'aultres gardes, s'estans retirées après la seconde

« alarme et les dictz deux hommes qui estoient montez au dessus
« du mur, armez de toutes pièces, renversez dedans le fossé,
« attainctz l'un d'un picque dedans la gorge, et l'aultre la main
« couppée, furent recueilliz par les aultres estans au dit fossé,
« qui les emportèrent et ce qu'ilz peurent d'eschelles, n'en ayans
« laissé que cinq ou six dedans le fossé, qui furent apportées
« dedans la Ville, l'une au collège des Jésuites, l'aultre au logis
« du sieur Violle d'Andresel (1)..... »

Comme on le voit, pas un Génovéfain ne se montra dans cette matinée, et peut-être le succès de cette escalade ne les eût-il pas grandement peinés. Aucun témoignage ne permet, en effet, de les ranger parmi les fougueux zélateurs de la Ligue; s'ils prirent part à la fameuse procession de 1590, ce ne fut probablement que par contrainte et comme simples comparses. Ils n'étaient pas en contact de chaque jour avec les masses populaires, comme l'étaient les moines mendiants, les prédicateurs et les clergés paroissiaux, et n'en partageaient pas les passions. Le Journal de l'Estoile ne les mentionne pas dans le défilé et la *Ménippée* ne les fait pas figurer parmi les soldats de « l'Église militante »; n'oublions pas surtout de dire que le père Le Foulon, ancien chancelier de l'Université, devenu abbé en 1557, s'entremit courageusement pour amener les Parisiens à faire leur soumission à Henri IV; il mourut en 1607, fort aimé, fort honoré, ainsi que le témoigne son épitaphe (page 44), mais eut-il la main assez ferme pour rétablir la discipline qui s'était singulièrement relâchée sous l'influence démoralisatrice de la guerre civile et religieuse? Après lui, son ami le Père de Brichanteau laissa le désordre s'aggraver encore, et comme pour mainte autre communauté, la réforme de l'abbaye fut jugée nécessaire et Louis XIII en chargea le cardinal de La Rochefoucauld (note C), évêque de Senlis, grand aumônier de France, etc. ; le prélat grand seigneur fut nommé, en dépit des anciens privilèges, abbé commendataire, quoiqu'il ne fût pas de la maison, et quoique Sainte-Geneviève ne dût jamais être donnée en commende; il est vrai qu'aussitôt sa tâche remplie, il renonça

---

(1) **Vient ensuite une description de ces échelles, intéressante en ce qu'elle indique la hauteur des remparts qui, sur ce point, auraient eu environ neuf mètres.**

à son titre et remit en vigueur l'ancien mode d'élection. Il se proposa comme but de rétablir dans toute sa pureté la règle de Saint Augustin et commença par disperser dans d'autres communautés les religieux réfractaires; comme il avait été fait jadis, il les remplaça par des chanoines de la congrégation de Saint-Victor, à laquelle il rattacha Sainte-Geneviève (1624-1625). Celle-ci ne reconnaissant d'autre chef spirituel que le pape, la sanction pontificale était nécessaire; elle fut accordée en 1634. L'élection était triennale, mais l'abbé sortant pouvait être maintenu par une réélection. L'abbaye devenue un modèle de régularité, dit Le Maire, dans son « *Paris ancien et nouveau* » (1685), fut désignée comme chef-lieu de l'ordre de Sainte-Geneviève, qui compta en France 900 maisons, eut la nomination à plus de 500 cures, et ses religieux prirent le

L'Estrapade. (Plan de Vassalieu, 1609).

nom de *chanoines réguliers de la Congrégation de France.*

Les cures qui dépendaient de Sainte-Geneviève furent pourvues par les abbés d'ecclésiastiques irréprochables et dont ils exigeaient, entre autres conditions, l'engagement de garder le silence à l'église et à table, de ne point sortir et de ne point s'arrêter dans les rues et les places publiques sans raison légitime (Histoire manuscrite du père du Molinet, citée par le *Magasin Pittoresque*).

Sous le règne de Louis XIV, les puissants abbés durent, bon gré mal gré, se résigner à l'atteinte que portait à leurs droits féodaux la réunion au Châtelet des vingt-deux justices seigneuriales et ecclésiastiques de Paris. Ils n'eurent plus dans la ville ni baillis, ni prisons, ni exécuteurs des hautes, moyennes et basses œuvres; leurs huit fourches patibulaires disparurent; ils cessèrent de faire brûler, rompre, pendre dans la partie des quartiers de l'Université et de Saint-Marcel qui relevait de leur censive. Le morcellement de la ville où tant d'enclaves étaient, pour l'autorité du Prévôt de Paris, des terres d'exception devant lesquelles expirait l'autorité royale, portait trop de préjudice au bon ordre pour que le gouvernement continuât de tolérer le partage entre plusieurs mains des pouvoirs judiciaires et des attributions de la police (**1674**) (note D).

Une mesure accueillie sans doute beaucoup mieux à Sainte-Geneviève fut la destruction de la courtine et des tours qui projetaient leur ombre sur le jardin du monastère (**1690**). Du moins on peut reconnaître comme un écho de la joie ressentie par les religieux dans la *Lutetia Renovata,* adressée au prévôt des marchands, Le Peletier, et aux échevins de la Ville, par le poète latin Santeul, chanoine de Saint-Victor : grâce à ses édiles, la capitale va devenir une ville vraiment royale; elle n'est, il est vrai, pour le moment, qu'un vaste chantier de démolition, mais quelle joie de voir tomber dans la poussière ces remparts, *ces tours indignes de la Ville, indignes du monarque;* pour les démolisseurs occupés à *briser ces portes antiques,* à *faire tomber ces restes de murs poudreux,* le poète n'éprouve aucune des indignations que ne leur ménageraient pas de nos jours les amis du vieux Paris (Note E). Mais ses frères génovéfains rentrent en possession de tout le terrain que Philippe-Auguste leur avait emprunté, c'est-à-dire l'emplacement du fossé et de la fortification, dont ils vont employer les pierres à s'enclore d'un mur qui longera l'estrapade et leur laissera pour gain une large bande de terrain, où planter comme agrément de leurs jardins plusieurs rangées de grands arbres, aujourd'hui disparus. Le voisinage immédiat de l'estrapade ne les préoccupe guère et la réalité de ce supplice les laisse sans doute aussi froids que le sont aujourd'hui les Parisiens lorsqu'ils en prononcent ou en entendent prononcer le nom vide de sens pour la majorité d'entre eux (note E).

Santeul était leur poète attitré; c'est lui qui, après la procession de la châsse de sainte Geneviève, en **1694**, fut chargé de versifier l'inscription latine du tableau offert en ex-voto par les autorités de l'Hôtel de Ville, pour remercier la sainte de ce que, à la suite de cette solennité, une sècheresse inquiétante pour les récoltes eût pris fin subitement. Le poète avait lui-même fait partie du cortège, mais son ami Largillière, au lieu de le représenter sous la robe blanche des victorins, l'avait habillé de noir; il exhala sa colère en distiques indignés; lui-même ne s'était pas reconnu sous ce costume! Pour toute consolation, il lui reste l'espoir que, vu la candeur de son âme, la patronne de Paris fera un second miracle, et que, par son intercession, de corneille il redeviendra colombe.

Mais, sur le Mont Latin qui, dans l'épitaphe de Descartes, est nommé le point culminant de la ville et des arts, la muse ne prodigue pas encore ses sourires aux poètes français; elle se réserve sans doute pour le siècle des Casimir Delavigne et des Alfred de Musset (note F). Corneille lui-même n'y trouva que de médiocres inspirations, lorsqu'il traduisit en vers les hymnes latines de Sainte-Geneviève, travail qu'il entreprit sans doute à la sollicitation de l'abbé coadjuteur, le Père Boulart. Il entretenait de très cordiales relations avec cet excellent religieux, ainsi qu'en font foi quatre lettres de sa main (**1651-52**) trouvées par M. Faugère parmi les manuscrits de la bibliothèque, publiées par M. Célestin Port et reproduites dans le Corneille de M. Marty-Laveaux (IX, 613). Le poète, occupé à traduire l'Imitation, recourait à l'érudition de l'ecclésiastique, lui empruntait des livres, recevait de lui des tailles-douces destinées à l'illustration de son volume, et faisait grand cas de ses lumières et de son goût. Il n'est pas sans intérêt de rappeler ici que l'auteur du *Cid* fréquentait la maison qui s'est honorée quelque temps de porter son nom.

A la même époque, Racine a également sa page dans l'histoire de Sainte-Geneviève, et une page décisive pour son avenir. Trois de ses oncles maternels appartenaient à la congrégation : Antoine, Charles et Jacques Sconin. Antoine, « fort sage, fort habile, peu moine et grand théologien », dit Racine, avait même été, en 1650, élu abbé triennal et supérieur général de la congrégation et avait fait grande figure dans la procession du 12 juin 1652, à l'occasion de laquelle il avait su, à l'encontre de l'archevêque, maintenir sa prérogative abbatiale. Charles et Jacques qui, d'après leur neveu, n'étaient que des rustres, ne lui témoignèrent que de l'indifférence et peut-être même de l'hostilité. Antoine, « le seul de la famille (le seul de la communauté, dit Louis Racine) qui eût l'âme tendre et généreuse », se montra vraiment paternel pour le fils de sa sœur. Comme il s'était fait des ennemis par suite de son zèle pour la régularité, il n'obtint pas sa réélection en 1653 et même fut envoyé à Uzès en qualité de vicaire général et official, c'est-à-dire chargé du contentieux à l'évêché, et, de plus, prieur de Saint-Maximin, ce qui était un exil déguisé sous des formes honorables. Il y résidait depuis huit ans lorsque Racine, alors âgé de vingt-deux ans, vint auprès de lui, sur les instances de sa famille, qui comptait que l'oncle le pourvoirait d'un bénéfice et le pousserait dans l'Église (1661). Mais le grand vicaire, en butte à toutes sortes de tracasseries et de chicanes, et qui ne réconcilia l'évêque avec les Génovéfains, créanciers du diocèse, qu'en leur cédant la nomination aux bénéfices vacants, ne put disposer de rien en faveur de son neveu ; désolé, il se proposait de résigner pour lui son prieuré, mais il fallait que le jeune homme eût vingt-cinq ans et consentît à recevoir la prêtrise ; sa vocation n'étant pas assez solide pour l'y décider, il préféra reprendre la route de Paris. La responsabilité de cette désertion retombait donc en partie sur les « *moines* », sans lesquels il eût peut-être été amené à prendre des engagements qui lui eussent fermé la carrière poétique (voir sa correspondance et sa biographie dans l'édition Hachette).

C'est quelques années plus tard que les restes de Descartes, mort en 1650, furent rapportés en France et enterrés à Sainte-Geneviève. M. Larroumet, dans un discours très applaudi à la distribution des prix du 5 août 1884, rappelait cette translation en ces termes : « A peine si, de loin en loin, quelques événements met-
« tent un peu de variété dans la douce monotonie de leur exis-
« tence (celle des religieux). Le plus saillant de tous les honore
« et je n'aurai garde de le passer sous silence. Le 25 juin 1667,
« les restes de Descartes, rapportés de Stockholm, étaient pré-
« sentés aux portes de leur église. Le cercueil du père de la phi-
« losophie moderne n'eût peut-être pas trouvé dans toutes les
« communautés de Paris l'accueil qu'il reçut à Sainte-Geneviève.
« En bien des endroits on gardait rancune à celui qui avait
« émancipé la raison : l'on voyait presque un hérétique dans

> Ce mortel dont on eût fait un dieu
> Chez les païens.

« Ici, au contraire, suivi de tout son chapitre, l'abbé voulut
« recevoir le corps du grand exilé ; après un service solennel, il
« le fit inhumer près de la châsse de sainte Geneviève, et maître
« Pierre Lallemant, chancelier de l'abbaye, montait en chaire pour
« prononcer l'oraison funèbre, lorsqu'un ordre de Versailles vint
« lui fermer la bouche. Ce jour-là, mes chers amis, l'abbé de
« Sainte-Geneviève fut mieux inspiré que le roi de France et paya
« la dette de notre pays envers un de ses plus nobles enfants (1). »

Une page charmante de ce même discours fait de la vénérable maison une sorte d'abbaye de Thélème avec la piété en plus : « Les Génovéfains s'y promènent en robe blanche, tranquilles,
« heureux. Leur existence n'est pas un labeur acharné comme
« celle des Bénédictins ; ils n'ont pas juré, comme les Francis-
« cains, renoncement absolu aux biens de ce monde ; ils laissent

(1) Le cœur de Jacques Rohault, le célèbre disciple de Descartes, mort en 1675, fut également déposé à Sainte-Geneviève où l'on voyait son épitaphe à côté de celle de son maître (p. 53).

« aux Jésuites la direction des consciences mondaines; à Port-
« Royal — pour lequel, cependant, ils eurent toujours une sym-
« pathie secrète — l'émulation du stoïcisme; aux chanoines de
« la Sainte-Chapelle les querelles héroï-comiques. Ils se conten-
« tent de méditer et de prier. On les entoure de considération;
« leur abbé est un haut dignitaire de l'Église; eux-mêmes « illus-
« tres en naissance, doctrine et piété », sont de bon conseil et
« d'agréable commerce; aussi entretiennent-ils de nombreuses
« relations avec le clergé séculier, les parlementaires, la société
« polie, les lettrés. »

Mais, aux yeux de la postérité, leur titre durable est la forma-
tion de leur bibliothèque, dont ils firent la première de France
après celle du Roi. Le cardinal de La Rochefoucauld avait mis
les religieux de 1624 dans un grand embarras lorsque, pressés
par lui de le conduire à leur bibliothèque, ils durent avouer
qu'ils n'en avaient plus. Ce qui avait échappé au pillage venait
d'être vendu à la livre par un chanoine borné et incapable, à qui
Benjamin de Brichanteau, nommé évêque de Laon, avait laissé,
vers 1612, le gouvernement de la maison. Ce triste remplaçant
avait cru faire un coup de maître en se procurant à ce prix des
livres de chant. Le cardinal tira de sa propre bibliothèque et mit
à la disposition des chanoines six cents volumes environ, qui con-
stituèrent un premier fonds et furent un encouragement à des
acquisitions nouvelles, un appel à la générosité des donateurs. On
ne donne qu'aux riches et les religieux se mirent en mesure de
l'être. La Rochefoucauld, le premier, compléta son bienfait en
instituant les chanoines légataires du reste de ses livres, de ses
tableaux, de ses reliquaires; seulement un codicille réserva les
manuscrits aux Jésuites du Collège de Clermont (Louis-le-Grand).
Mais le meilleur don qu'il avait pu faire à la bibliothèque avait
été de mettre à sa tête, vers 1634, le Père Fronteau, bibliophile
passionné, qui eut le mérite de la première organisation et conserva sa fonction jusqu'en 1661; disgracié comme janséniste,
il eut, dans le distingué Père Lallemant, un successeur aussi zélé
que lui. Véritables créateurs de la bibliothèque, ces deux Pères
avaient réussi à réunir huit mille volumes en quarante ans. Mais

le bibliothécaire hors ligne fut le Père du Molinet (1673). La bibliothèque prit sous lui un tel accroissement que, en 1675, il fallut lui assurer un nouveau local; et dans ce but fut construite une galerie, première amorce d'une magnifique construction. Du Molinet, collectionneur éclairé et d'un goût très sûr, joignit à la bibliothèque un choix d'antiquités et de raretés de toute sorte, vases de Chine, pièces d'histoire naturelle, médailles, monnaies, jetons, etc., et c'est à ses acquisitions que dut sa naissance le Cabinet de Curiosités qui devint fameux au siècle suivant (note G).

Douze ans après sa mort, en 1710, la bibliothèque fut presque doublée par la donation de Charles-Maurice Le Tellier, archevêque de Reims, frère de Louvois, qui, redoutant la dispersion très probable après lui d'une collection qu'il n'avait cessé d'accroître pendant cinquante ans, légua à Sainte-Geneviève un ensemble de 16.000 volumes « bien conditionnez », revêtus en partie de reliures en maroquin rouge, frappées sur leur plat aux armes du donateur.

Le buste en marbre de son père, le chancelier, faisait partie du legs et devait être placé dans le même local que les livres. Les religieux reconnaissants commandèrent en outre à Coyzevox le buste en marbre de l'archevêque et étiquetèrent les volumes d'un ex dono qu'ils portent encore.

Ex bibliotheca
quam 1600 Voll. constantem huic abbatiae S. Genovefae Paris.
Testamento legavit
Car. Maurit. Le Tellier Archiep. Remensis. Obiit anno 1710.

Par suite de cet héritage, le local dut être agrandi et le travail, commencé en 1726, fut achevé en 1733. (Voir au ch. II, p. 29.)

La première pierre de ces nouvelles constructions fut posée par un prince du sang, qui fit un trop long séjour dans la Clôture de Sainte-Geneviève pour que son nom ne soit pas rattaché à l'histoire de la maison. Louis d'Orléans, le fils du Régent (1703-1752), ne se sentant aucun goût pour la politique et les choses du monde, persuadé peut-être qu'il avait à racheter par la pénitence les désordres et l'impiété de son père, de plus, frappé au cœur par la perte de la princesse sa femme, enlevée à sa tendresse après deux ans de mariage (1726), se jeta dans les pratiques outrées de la haute dévotion janséniste et, après des retraites répétées dans l'abbaye, finit par s'y installer à demeure; il s'y

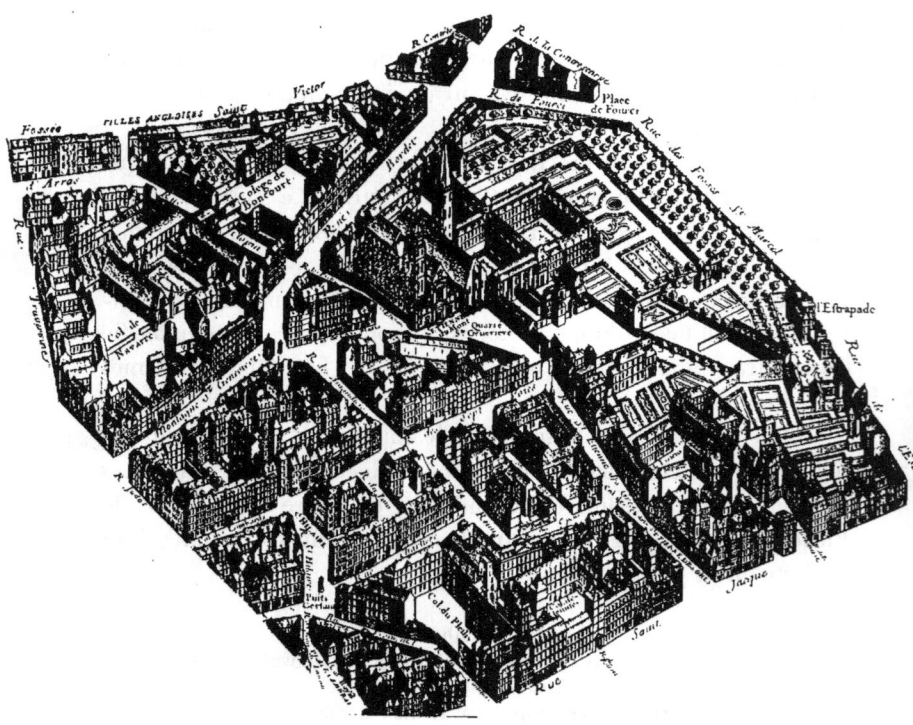

Quartier de Sainte-Geneviève. (Plan Turgot.)

fit bâtir le pavillon occupé aujourd'hui par la cure de Saint-Étienne; de là il pouvait à son choix se rendre dans l'une ou l'autre des églises, où il avait des tribunes; il s'imposa les mortifications des ascètes les plus fervents; il ne quittait la prière ou les œuvres de charité que pour l'étude des matières les plus diverses: théologie, exégèse biblique, histoire, géographie, astronomie, physique, chimie, pharmacie, histoire naturelle, tout lui était bon ; seules les productions purement littéraires lui paraissaient trop frivoles pour mériter aucun intérêt ; afin de mieux interpréter les écritures, il se mit au grec, au latin, à l'hébreu, au chaldaïque ; il en résulta un monceau de manuscrits que, par une heureuse inspiration de son humilité, il refusa de livrer à l'impression. A un tel régime le cerveau le mieux équilibré n'aurait pas résisté. Du moins, son cœur, toujours le même, fut vraiment admirable ; de l'ermitage princier où il vivait comme un indigent, ses bienfaits se répandaient sous toutes les formes ; il y consacrait à peu près exclusivement les dix-huit cent mille livres de revenu qu'il s'était réservées ; il légua au cabinet de Sainte-Geneviève ses meubles, sa belle collection de pierres gravées et de médailles. Suivant M. Franklin, le fils du prince revendiqua les médailles et les pierres gravées qui déjà avaient été classées ; cependant on les trouve encore indiquées dans le *Voyage pittoresque* de d'Argenville (**1780**), dans l'*Almanach du voyageur à Paris* de Thierry (an **1783**) et ailleurs. La bibliothèque était déjà publique de fait, sinon de droit : elle s'ouvrait trois jours par semaine, de 2 heures à 5 heures. Le cabinet avait ses deux jours d'entrée. En hiver, les galeries, dont les procédés de chauffage alors usités n'auraient pu dégourdir l'air, étaient remplacées par un salon de lecture muni d'un énorme poêle. La maison posséda même un petit observatoire que l'un des bibliothécaires, le Père Pingré, installa sur la toiture (note G).

La bibliothèque devait survivre au monastère ; en **1790**, les bâtiments en furent déclarés propriété nationale et l'abbaye fut supprimée. Le dernier abbé, Claude Rousselet, supérieur général de la Congrégation de France, dut, comme dernier acte de son administration, présenter, par l'intermédiaire de ses procureurs, un relevé des revenus de l'ordre (3 mars **1790**). Les recettes montaient à la somme de **110.157** livres, 2 sous, 8 deniers ; les charges à celle de **53.337** l., 5 sous, 9 deniers (voir Victor Chauvin). Les finances de la congrégation étaient donc prospères, mais elle eût bien vite épuisé ses économies si elle avait dû entreprendre à ses frais la nouvelle Sainte-Geneviève, celle de l'architecte Soufflot. Elle avait eu recours à Louis XV dont la guérison, en **1746**, avait été obtenue après une procession de la châsse, et qui, pour satisfaire les religieux, avait, à défaut d'autres ressources, décidé que le prix des billets de loterie serait porté de vingt sous à vingt-quatre. Grâce à cette surtaxe, 400.000 livres avaient été versées chaque année dans la caisse de l'église. Les travaux furent inaugurés en 1757, mais Soufflot mourut sans voir son œuvre achevée (1781) et fut enterré dans la vieille basilique, en attendant qu'il pût être placé dans le chœur de son temple. Louis XV avait posé la première pierre du dôme le 6 septembre 1764 et, à la grande joie des religieux, passé une heure dans leur cabinet des médailles et des curiosités, mais sainte Geneviève ne fit plus de miracles pour lui et, lors de sa dernière maladie, une nouvelle procession descendit en vain la Montagne.

L'inventaire de la bibliothèque dut également être présenté aux autorités chargées de la liquidation : le chiffre des manuscrits s'éleva à 2.013 volumes, celui des imprimés à 58.107, en tout 60.120 volumes, auxquels s'en ajoutèrent 20.000 provenant de divers dépôts. Elle fut déclarée publique de plein droit et plus largement ouverte. Même aux jours de tourmente révolutionnaire, le service ne paraît pas en avoir été sérieusement interrompu : elle n'avait fait que changer de maîtres et de nom ; elle s'appela bibliothèque du Panthéon jusqu'à la fin de l'Empire. Seulement, pendant cette période, elle perdit toute une partie de ses collections. En l'an V, l'archéologue Millin réunit le cabinet du Panthéon à celui de la Bibliothèque Nationale; on a dit qu'en cela il n'avait tenu compte que de ses convenances, parce qu'il professait dans le cabinet de la rue Richelieu, mais le vrai motif qui décida la commission exécutive de l'Instruction publique à ne laisser sur la rive gauche que les livres et les manuscrits, fut l'insécurité du cabinet de Sainte-Geneviève, si mal gardé, faute de personnel, depuis l'éloignement des religieux, qu'en 1792 des voleurs avaient pu s'y introduire et essayer de s'emparer des médailles. Cette mesure enrichit la collection du Palais Mazarin de plus de sept mille médailles romaines, de dix mille médailles modernes, de sceaux et de jetons (voir Marion du Mersan, *Hist. du Cabinet des Médailles*, 1838).

La bibliothèque du Panthéon eut, du moins, depuis le 6 mai 1797 jusqu'en 1804 un bibliothécaire digne des anciens, Daunou, qui lui consacra sept années de labeur et, chargé d'une mission en Italie, revint de son voyage les mains pleines.

Les autres locaux de l'abbaye étaient cependant restés à peu près sans emploi; en 1792, l'église avait été passagèrement Temple de la Raison; on tint aussi dans diverses salles des assemblées populaires; en 1796, les partisans de Babeuf y ouvrirent, pour le voir bientôt fermer par l'ordre du Directoire, un club dit du Panthéon. Mais des voisins plus menaçants pour la bibliothèque furent les élèves de l'Université (1804). L'administration universitaire fut d'abord contente de son lot, puis elle fit entendre des plaintes et des récriminations et enfin réclama la maison tout entière. L'on verra dans le chapitre suivant comment elle réussit à déloger les livres et fut même si pressée que la bibliothèque dut s'accommoder d'un local de rencontre, en attendant qu'on lui bâtît un logis convenable. Au moyen âge, les religieux, qu'importunait le bruit de leurs écoles, ne conservant dans l'intérieur de leur cloître que leurs classes de novices (1180), n'avaient plus admis que dans une école extérieure leurs étudiants du dehors et encore le moine chargé de les diriger n'avait-il eu rien de plus pressé que de s'en débarrasser au profit du Collège de Montaigu. Montaigu, encore une fois, bénéficia du voisinage; il fut, avant de disparaître, appelé à l'honneur de porter jusqu'à sa dernière heure le titre de Bibliothèque Sainte-Geneviève (1843-1850). Le Béarnais avait achevé de supplanter la patronne de Paris et le nom même de la sainte disparaissait des lieux qui lui avaient été voués pendant quatorze cents ans.

DEUXIÈME PARTIE

LES BATIMENTS

L'ensemble des constructions religieuses qui constituaient l'abbaye de Sainte-Geneviève, au moment où elle fut déclarée propriété nationale, serait encore complet aujourd'hui et conserverait sa physionomie sans aucun bâtiment disparate, si la démolition de la basilique n'y avait laissé une place pour le passage de la rue Clovis et l'édification d'un corps de logis sans couleur et sans caractère, la façade moderne du Lycée. Il est vrai que, dès le milieu du XVIIIe siècle, l'ancienne église des Apôtres était condamnée à cause de sa vétusté; les Génovéfains l'avaient jugée indigne d'abriter plus longtemps la châsse de leur patronne et le temple élevé par Soufflot était prêt à recevoir les reliques sous son dôme lorsque la Révolution éclata.

Sainte-Geneviève du Mont et Saint-Étienne du Mont n'étaient séparés que par un étroit couloir et même leurs fronts se rejoignaient; leurs chevets orientés suivant la tradition se dirigeaient vers l'Est et leurs façades jumelles regardaient le couchant; mais celle de l'Abbatiale contrastait par sa simplicité avec celle de Saint-Étienne, si richement ornée par les artistes de la Renaissance: une grande muraille presque nue, surmontée d'un fronton triangulaire avec une médiocre rosace, était percée de trois portes ogivales, dont la médiane était plus haute que ses voisines. L'intérieur lui-même était d'une architecture très simple et qui se rapprochait de celle de Saint-Germain des Prés. La majeure partie du monument avait dû être refaite au XIIIe siècle, mais on y relevait les restes de constructions antérieures; certains chapiteaux du chœur, conservés à l'École des Beaux-Arts, n'ont pu appartenir qu'à un monument du xɪ⁰ siècle, celui de l'abbé Étienne. La démolition dura de 1804 à 1807, de sorte qu'il fut loisible aux archéologues de tirer les croquis, de lever les plans qui ont fourni à M. Albert Lenoir les éléments des planches consacrées à cette église dans sa *Statistique monumentale*. On y voit le sol de la crypte fouillé en tout sens, avec des alignements irréguliers de cercueils presque aussi pressés que dans nos fosses communes ; cette église souterraine, la plus vaste de Paris, égalait en étendue l'église supérieure, et était un second sanctuaire non moins vénéré. Les alentours eux-mêmes ont été des lieux de sépulture dès l'époque gallo-romaine, et il n'est pas de travaux de terrassement qui n'y mettent à découvert des cercueils de plâtre mérovingiens ou autres ; des charrettes pleines d'ossements ont eu maintes fois à vider leur funèbre chargement dans l'ossuaire de Montsouris.

Par bonheur, l'impitoyable alignement n'exigea point le sacrifice de la tour de Clovis placée à droite de la nef. Sans cette tour qui, accouplée à celle de Saint-Étienne, est d'un si heureux effet dans la perspective de la Montagne Sainte-Geneviève, le Lycée Henri IV perdrait une partie de son originalité ; il n'aurait plus rien pour le signaler à l'horizon et attester au loin la noblesse de son berceau. La tour est le point de ralliement de tous les souvenirs ; on a dit d'elle qu'elle était le Palladium de la maison. Les anciennes estampes nous la montrent surmontée de la flèche quadrangulaire reconstruite vers la fin du xv⁰ siècle et qui, tombée de nouveau au xvɪɪɪ⁰, ne lui sera probablement jamais rendue. Les baies en plein cintre de sa base semblent indiquer l'époque de Philippe I⁰ʳ. Le premier et le second étage appartiennent au style ogival, le premier est du xɪv⁰ siècle, le second, du siècle suivant. Le couronnement, refait après le sinistre de 1483 avec sa balustrade et ses clochetons, est du gothique flamboyant. A l'angle Nord-Est se rattache une tourelle qui contient l'escalier, relié à chacun des étages par un balcon élégamment ajouré. La sonnerie de l'horloge est peut-être la plus harmonieuse de Paris, et l'écho en vibre probablement encore aux oreilles de tous les anciens, pour qui elle a sonné tant d'heures de leur jeunesse. L'horloge elle-même, placée au premier étage, dans l'intérieur de la tour, est celle dont le duc Louis d'Orléans fit don à l'abbaye (1718) (1). Elle était l'œuvre d'un habile ouvrier, Galande, plus versé dans la pratique de son art que dans celle de l'orthographe, puisque, comme le remarque un article du *Magasin pittoresque*, il écrivait orloge sans h; que devait-ce être pour les mots moins familiers à sa plume? Veuve de son église, comme la tour Saint-Jacques, la tour de Clovis, pour n'avoir pas été illustrée par les découvertes d'un Pascal, n'en a pas moins apporté sa contribution à la science : pendant deux années, Dulong, Ampère, Arago (de grands noms eux aussi) y firent d'importantes expériences sur les diverses pressions des vapeurs d'eau. Comme le dôme de Saint-Marc, à Venise, elle a ses volées de pigeons, pour lesquelles se maintient imprescriptible le droit d'asile reconnu jadis à l'hospitalière demeure.

Le cloître, le lieu consacré au recueillement de la prière, à la méditation en présence des tombeaux, à la promenade silencieuse du moine, n'était pas, comme aujourd'hui, accessible à tout venant, ouvert presque sur la rue, troublé par les bruits extérieurs. La nef de son église l'abritait contre le nord et les visites profanes, complétant le quadrilatère des bâtisses monacales qui, en dépit des rajeunissements successifs, trahissent leur âge par leurs ogives en partie respectées (XIIe-XIVe-XVe siècle). Mais le cloître d'aujourd'hui n'est plus un de ces ravissants motifs d'architecture dont les maîtres ès-œuvres du Moyen Age se complaisaient à faire des modèles d'élégance, avec l'émerveillement de leurs sveltes colonnettes, de leurs délicates nervures, de leurs gracieux pendentifs, de leurs arceaux si purs de dessin, si riches de fantaisie. Le joyau du XIIIe siècle menaçait ruine, on le démolit à une époque où le style gothique n'était plus compris. Selon Brice, c'est sous François Ier qu'il aurait été abattu et en ce cas il n'aurait pas été remplacé avant le XVIIIe siècle, puisque l'on donne pour date au nouveau l'année 1746. Victor Chauvin qui adopte cette date (*Histoire des Lycées*, page 102), ne tarde pas cependant à se contre-

---

(1) Le carillon, depuis longtemps dérangé, a été récemment l'objet d'importantes réparations. La sonnerie des heures sera nouvelle pour beaucoup d'oreilles qui n'ont pas encore entendu le jeu complet.

dire, puisque, oubliant sa première affirmation, il dit quelques lignes plus loin que le cloître de la Cour d'honneur fut élevé vers le temps du cardinal de La Rochefoucauld, à la place de celui qui était attribué au roi Robert. Ce qu'il importe d'établir, c'est l'existence d'un second cloître, ou plutôt d'une galerie construite au XVIIe siècle dans la cour actuelle des classes, dont elle bordait l'aile en regard du midi (1); cette galerie existait encore sous le fondateur du Lycée, M. de Wailly père, ainsi que le prouve une gravure où elle est représentée au-dessous du portrait de ce proviseur. Brice dit de cette construction : « On entre dans le cloître « ou plutôt sous une espèce de péristyle soutenu des deux côtés « de colonnes doriques, comme celles de la première entrée « (l'entrée de la rue Clotilde); au bout de ce portique long « d'environ trente pas, on trouve le grand escalier qui conduit « aux dortoirs » (II, 30). Le Maire (1684) parle également de ce nouveau cloître bâti environ douze années auparavant d'après les plans du Père de Creil. On l'a supprimé, sans doute pour donner du jour à des salles qui, ouvertes d'autre part sur la cour d'honneur, par conséquent sous une autre galerie, recevaient aussi fort peu de lumière de ce côté. Le cloître actuel aux lourds piliers carrés, aux arcades surbaissées, ne fait certainement pas honneur à son architecte, mais il ne mérite pas moins de rester cher à maintes générations d'écoliers; décoré de ses plâtres moulés sur les marbres de Phidias ou les faïences de Luca della Robbia, de ses inscriptions, de ses images d'illustres élèves, égayé par des parterres au milieu desquels se dressent les monuments de Casimir Delavigne et de Salvandy, il est l'atrium du Lycée, son salon-promenoir d'été; aux heures de parloir, ses bancs s'offrent hospitaliers pour des collations que ne trouble pas le souvenir des moines dont il fut le Campo-Santo.

Pour l'École centrale du Panthéon qui a précédé le Lycée dans « la *ci-devant maison de Geneviève* » (1795), ce même péristyle avait été un forum. Le 30 nivôse (19 janvier 1799), journée com-

---

(1) Cette cour était dite *Cour des Abbés;* la Cour de nos Moyens était celle des *Moines.*

Lycée Napoléon. Coupe du réfectoire, de la cuisine, des caves, des catacombes.
(*Mag. Pittoresque*, 1857.)

mémorative de la Souveraineté populaire, les élèves de la maison s'y étaient réunis à leurs camarades et voisins du Prytanée (Louis-le-Grand) pour fêter par des chants et des danses la plantation d'un arbre de la Liberté. Le 10 germinal suivant (30 mars), fête de la Jeunesse, tous les instituteurs et toutes les institutrices de l'arrondissement y avaient été conviés. Aux jeunes garçons et aux jeunes filles les plus accomplis de leurs écoles furent décernés des prix de vertu, représentés par des couronnes enguirlandées de rubans tricolores. Les élèves âgés de seize ans furent armés gardes nationaux par la remise d'un sabre symbolique ; ceux de vingt ans furent promus citoyens et pourvus d'une carte civique, en guise de robe virile (voir Quicherat, *Histoire de Sainte-Barbe*, t. III, p. 36, et Victor Chauvin).

La galerie occidentale du cloître longe l'ancien réfectoire des moines, aujourd'hui chapelle du collège, la construction qui a le mieux conservé son caractère primitif. Sur la rue Clotilde il a suffi de refaire les rosaces, dont une seule restait, il y a une vingtaine d'années, et d'exécuter quelques travaux de raccordement. Mais l'effet serait plus complet, si la façade de la rue Clovis n'était venue masquer la partie de l'édifice qui, faisant retour d'équerre sur le Carré Sainte-Geneviève (1), y présentait son pignon aigu et sa tour d'angle, simple cage d'escalier sans doute et d'escalier fort peu pratique, mais si utile pour accentuer la physionomie du monument. L'architecte, soit dédain pour un détail insignifiant à ses yeux, soit superstition de la ligne droite, la supprima comme un accessoire parasite et faisant une saillie trop fantaisiste.

Quant à la chapelle, bien qu'elle ne rivalise pas avec l'incomparable réfectoire de Saint-Martin des Champs (bibliothèque des Arts et Métiers), elle est loin d'être sans valeur ; elle s'étend sur une longueur de six travées, couvertes d'une voûte en pierre à nervures croisées, et reçoit le jour par des ogives gothiques reposant sur des colonnettes ; comme tous les réfectoires conventuels,

---

(1) Le Carré Sainte-Geneviève (ou place Saint-Étienne du Mont) avait fait partie du cloître au moins jusqu'en 1335 ; des portes le fermaient à l'entrée des rues des Sept Voies (Valette), des Amandiers (Laplace) et des Prêtres Saint-Étienne.

Cuisines du lycée Napoléon. (*Mag. Pittoresque*, 1857).

elle a sa tribune où prenait place le religieux chargé de la lecture à haute voix pendant les repas, mais une copie de l'Assomption de Murillo, donnée par la reine Marie-Amélie, la dissimule, parce qu'elle aurait besoin d'être restaurée. Une Cène d'un artiste obscur, Clermont, reléguée dans la sacristie, n'a d'autre mérite que d'avoir fait jadis partie de la décoration de ce réfectoire. Dans tous les monastères les repas étaient précédés d'ablutions d'autant plus nécessaires que l'usage de la fourchette ne se généralisa guère avant la fin du xviie siècle; un lavabo, souvent œuvre d'art remarquable, placé à l'entrée de la salle, pourvoyait à ce besoin; tout ce que nous savons de Sainte-Geneviève c'est qu'au temps de l'abbé Guillaume Leduc, vers 1524, il existait à portée du réfectoire un bassin de pierre où coulait l'eau d'une fontaine décorée de l'image de la sainte (1).

Sous le réfectoire s'étendaient, comme aujourd'hui encore, de vastes cuisines de la même date et du même style architectural, de niveau avec le sol et puissamment voûtées au-dessus d'immenses caves. Une ancienne gravure du *Magasin pittoresque* représente la coupe du bâtiment depuis ses premières assises jusqu'aux combles (note H) : les fondations ont-elles même pour sous-sol les catacombes, au-dessus desquelles s'étagent les trois rangs de constructions (sans compter les mansardes et les greniers), les caves d'abord, puis les cuisines, puis enfin le réfectoire chapelle? Du Lycée on pourrait descendre directement dans les anciennes carrières, d'où peut-être sont sorties les pierres de sa construction, si la porte qui y donnait accès n'avait pas été condamnée. Le vieux puits, voisin des cuisines, pénètre encore plus loin dans les entrailles du Mont, puisque, comme tous les puits du quartier, pour atteindre la nappe liquide, il traverse les catacombes sous la forme d'une colonne où est pratiquée une de ces lucarnes d'aération destinées à rendre respirable l'atmosphère de ces

---

(1) Dans la seconde cour de l'École des Beaux-Arts, une vasque en pierre, d'un seul morceau et de douze pieds de diamètre environ, est le lavabo commandé au xiie siècle pour le cloître de Saint-Denis par l'abbé Hugues; l'eau jaillissait du point central et s'écoulait par vingt-huit trous; vingt-huit têtes sculptées ornaient le rebord de cette cuve.

profondeurs. Si la pensée se reporte de là au sommet de la tour de Clovis, on est tenté d'appliquer au Lycée les vers du fabuliste :

> Celui de qui la tête au ciel était voisine
> Et dont les pieds touchaient à l'empire des morts.

Un puits n'était pas chose indifférente pour les habitants de la rive gauche privés d'eau de source depuis que les Normands avaient coupé l'aqueduc d'Arcueil; aussi quatre rues de la censive abbatiale devaient-elles leur nom à un puits : le puits qui parle, le bon puits, le puits Certain, le puits de l'Ermite. Celui de l'abbaye mérite donc un souvenir. S'il ne rend plus aucun service, il a été indispensable pendant des siècles (1). Ce fut seulement sous Louis XIII que l'aqueduc d'Arcueil fut rétabli et que l'une des fontaines alimentées par ses eaux, la fontaine Sainte-Geneviève, fut élevée devant le collège de Navarre (École Polytechnique); le couvent obtint-il une concession? C'était une faveur peu refusée aux maisons religieuses, et que les Jésuites de Louis-le-Grand ne sollicitèrent pas en vain.

Sur l'aile méridionale du cloître exista une chapelle très vantée, dédiée à Notre-Dame de Miséricorde et à laquelle survécut longtemps un autel ornementé de colonnes de cuivre. La salle du chapitre occupait l'aile orientale. Le point central de l'abbaye était le vestibule fermé des quatre lourdes portes de fer forgé s'ouvrant l'une sur le cloître, les trois autres sur les trois cours; c'est là que le Père de Creil a construit son escalier monumental, plus remarquable par son originalité que par sa beauté, et qui a, comme le cloître, le défaut de n'être pas assez élevé de plafond; mais ce plafond, aux yeux des connaisseurs, est d'une grande hardiesse, parce que tout le poids en repose uniquement sur deux petites colonnes. Les statues qui en décorent l'entrée représentent les quatre évangélistes; au fond est une figure de la Vierge qui tient l'Enfant Jésus entre ses bras. « Elle est d'une très belle manière, comme on le remarquera facilement, » dit

---

(1) L'abbé Lebeuf mentionne dans la domesticité du monastère un garçon de la pompe.

Brice. Cet escalier aboutit au premier étage et, avant d'être continué pour la commodité du Lycée, il ne conduisait qu'à l'Oratoire des abbés et aux dortoirs des moines. Cet oratoire, œuvre très remarquable de Claude de Creil, aujourd'hui coupé par une cloison, a été converti en laboratoire et en classe de physique; les gradins sont adossés à l'autel dont on n'aperçoit plus qu'une partie. Les dortoirs « n'ont rien de magnifique, on « a eu soin seulement d'y faire paraître partout beaucoup de « propreté aussi bien que dans les salles basses, où sont plu- « sieurs tableaux des papes et des anciens abbés de cette mai- « son » (Brice) (1). Outre la vaste *salle des Papes* qui contenait aussi la collection des Rois de France, d'autres salles spacieuses du rez-de-chaussée étaient destinées à recevoir les Chambres du Parlement, la Chambre des Comptes, la Cour des Aides, le Châtelet et le Corps de ville, lors de la procession annuelle où ils venaient pour accompagner la châsse. Brice recommande aussi la visite de l'apothicairerie, « qui est très propre et où il y « a des curiosités pour ceux qui se connaissent en ces sortes « de choses ».

Pour le visiteur qui venait de parcourir les étages inférieurs, l'apparition des lumineuses galeries de la bibliothèque à l'étage supérieur était un vrai coup de théâtre. Si graves qu'aient été les conséquences de leur conversion en dortoirs, elles méritent encore l'admiration; la construction et la décoration en furent exécutées d'après les dessins du Génovéfain Claude de Creil, mort en 1705. Le Père du Molinet inaugura en 1675 la première galerie de ce bel ensemble; élevée sur les combles de la chapelle du cloître, elle était longue de trente toises, large de quatre, haute de dix-sept pieds; les sculptures du plafond consistaient en cadres tour à tour carrés ou ovales destinés à recevoir des portraits. Des armoires de chêne sculpté, grillagées de fil d'archal, alternaient avec les fenêtres, flanquées de pilastres surmontés de co-

---

(1) C'est sans doute le collège qui, sans grand soin de l'hygiène, avait divisé le dortoir monacal en deux étages dont l'un, une véritable soupente, reçut des élèves le nom d'entrepont. Il a fort heureusement été condamné et il n'en subsiste plus que la porte ouverte sur le vide.

quilles renversées et devant lesquels des scabellons supportaient des bustes de donateurs, de personnages célèbres, etc... (note I). Tel fut le modèle exactement suivi pour la continuation du travail. En effet, on dut bientôt prolonger presque de moitié cette galerie primitive, puis en ouvrir une nouvelle qui la coupait transversalement en forme de croix. Les quatre bras étaient d'égale longueur, sauf le bras septentrional qui, rencontrant l'église, fut plus court que les autres et sans fenêtre à son extrémité. Pour dissimuler ce défaut de symétrie, le peintre Lajoue exécuta un salon de verdure en trompe l'œil sur la muraille du fond. Au point d'intersection des galeries a été ménagée une rotonde, couronnée par un dôme vitré et du centre de laquelle le regard embrassait les quatre bras de la croix inondés de lumière grâce à leur situation élevée ; aussi Brice reconnaît-il que l'incommodité de l'ascension est largement compensée par la clarté du local. La coupole du dôme fut peinte par Restout, qui y a représenté le patron de l'ordre, saint Augustin foudroyant Pélage, Manès et d'autres hérésiarques. Le public montait à ces galeries par le grand escalier qui dessert l'aile occidentale des bâtiments et dont chaque palier conserve encore la grille latérale placée là pour interdire aux étrangers l'accès des locaux réservés aux habitants de la maison, religieux d'abord, lycéens plus tard. Au haut de cet escalier subsiste la solide porte sculptée assez grossièrement et munie encore de sa vieille serrure et de son heurtoir, par laquelle on entrait dans la bibliothèque. Aujourd'hui condamnée, cette porte se trouve presque à l'extrémité de la galerie occidentale (à gauche) et contre elle est adossé un des lits du dortoir.

L'administration universitaire avait d'abord paru se contenter de son lot, mais ses convoitises n'ayant pas tardé à s'éveiller, elle nourrit des projets d'annexion et mena sa campagne patiemment et adroitement, pour ne rien dire de plus. Peut-être fut-elle de bonne foi quand elle se plaignit de poutres vermoulues, de plafonds qui s'affaissaient sous le poids des livres et des lecteurs et menaçaient de s'effondrer sur les élèves endormis dans leurs dortoirs. Et puis les entrées et les sorties d'un public bruyant étaient une cause de trouble pour les classes et les études, un danger pour la discipline. Un poids décisif dans la balance fut vraisemblablement la faveur royale acquise au collège des jeunes princes. En 1842, sur la proposition de M. Villemain, la Chambre ouvrit un crédit de 1.775.000 francs pour la construction d'une nouvelle bibliothèque et, vu l'urgence du prétendu péril, l'évacuation rapide des galeries fut décidée.

A côté du Panthéon s'élevait l'ancien collège de Montaigu, le serrant de si près que l'aile gauche du monument de Soufflot, faute de place pour sa grille, n'avait de ce côté d'autre protection qu'une clôture de planches, le long de laquelle les voitures défilaient fort à l'étroit. La vieille masure fut choisie comme bibliothèque provisoire et, derrière elle, l'architecte Labrouste établit les chantiers de la nouvelle. Quelques rares survivants de l'époque, alors écoliers, vieillards à cette heure, se rappellent avoir vu des soldats, déménageurs improvisés, former la chaîne depuis la rue Clotilde jusqu'à Montaigu et se passer de main en main, comme dans un sauvetage, les volumes de tous les âges et de tous les formats, pour qu'ils fussent déposés dans la noire bâtisse si décriée par Erasme et plus sinistre encore depuis qu'elle était devenue prison militaire (1843). Le local était malpropre, humide, malsain, ce qui rendait l'exode encore plus douloureux pour les bibliothécaires et les habitués. Leurs doléances ne furent pas sans écho; on pleurait « ce noble et silencieux sanctuaire de la science » (de Guilhermy), on se demandait quelles allaient être pour les locaux délaissés les conséquences de l'annexion au Collège. Quelques difficultés en retardaient l'appropriation; pour le mobilier, la question de propriété était à trancher entre la ville et le domaine; en attendant, les galeries négligées étaient dans un état lamentable et, en apparence du moins, elles menaçaient ruine. Victor Hugo, que le hasard avait amené devant le Collège et qui y était entré, fut indigné et fit entendre ses protestations au Comité des monuments historiques; il parla de ces salles immenses meublées d'un admirable corps de bibliothèque en bois sculpté et que décorent de distance en distance des bustes de grands hommes : « elles offrent le spectacle d'un déménagement

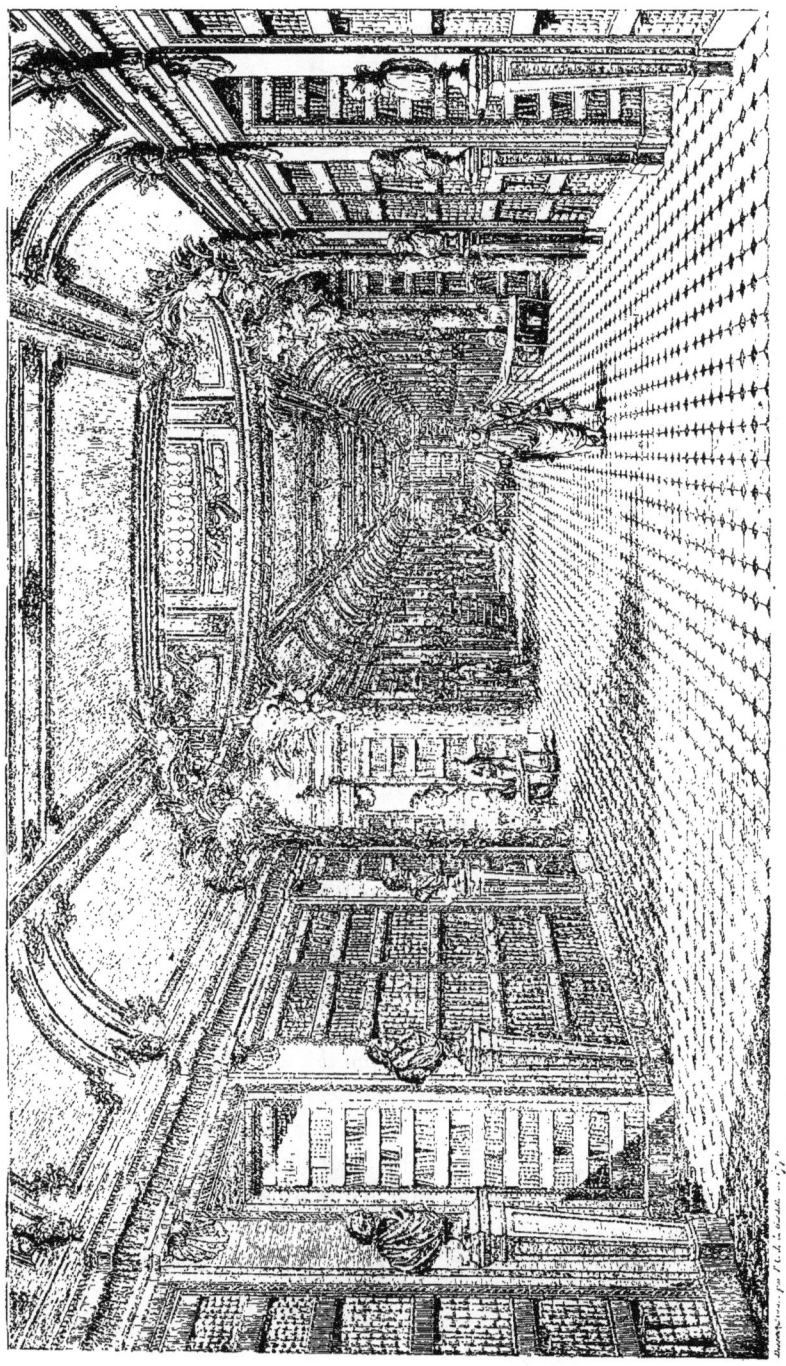

Bibliothèque des Génovéfains.

« fait à la hâte et interrompu, comme si quelque péril les me-
« naçait; elles sont dans un état complet d'abandon, c'est un
« délabrement qui fait peine; l'humidité les moisit, la pluie
« tombe sur d'épaisses couches de poussière qui couvrent les
« boiseries et le carrelage. On dirait qu'on n'ose plus entrer,
« parce que l'édifice va s'écrouler. Cependant l'architecte Ro-
« belin donne la certitude que les murs sont solides, que la bi-
« bliothèque est en très bon état, que les planchers et les pla-
« fonds sont faciles à restaurer. C'est un monument unique à
« Paris, unique en France. » Le Comité ne resta pas indifférent,
mais il ne pouvait qu'émettre des vœux platoniques : en vain le
baron Taylor déclara-t-il que les galeries ne pouvaient et ne
devaient être que bibliothèque, que le Lycée devait en faire la
sienne, comme s'il avait eu assez de livres pour en garnir les
rayons. Sur ces entrefaites, armoires et bustes furent déclarés
mobilier de l'État et la bibliothèque devint dortoir. Par malheur, l'aménagement ne pouvait se réduire à l'installation de
quelques dizaines de lits. Des modifications s'imposaient. L'on
n'abordait à la bibliothèque que par les deux points extrêmes de
ses galeries, l'un sur le grand escalier de l'Ouest, l'autre sur le
palier qui la mettait en communication avec le cabinet des médailles (Petit salon du cercle actuel). Gagner des dortoirs par des
entrées aussi excentriques compliquait singulièrement les ma-
nœuvres; on décida la création d'un escalier central qui, conti-
nuant celui du Père de Creil, aboutirait à l'étage supérieur par
une trouée pratiquée dans le carrelage du dôme, et du rond-
point ainsi entamé il ne resta plus qu'un balcon circulaire où
s'amorça le nouvel escalier, bordé, ainsi que le balcon, d'une très
mesquine rampe de fonte sur laquelle ne s'égare que trop souvent l'admiration des visiteurs, alors cependant que le Lycée met
sous leurs yeux, comme point de comparaison, tant de spécimens
de belle ferronnerie. Au lieu du beau coup d'œil qu'offrait l'ensemble de quatre vaisseaux, l'on n'eut plus que quatre tronçons
qu'il fallut, pour des raisons de bien-être et de surveillance, clore
par des cloisons en boiserie. Contre ces sacrifices nécessaires il est
superflu de se récrier.

Du moins, le Lycée conserve intact le cabinet des médailles et des curiosités, son cercle actuel. Là tout charme : ensemble irréprochable, détails exquis, menuiserie savamment dessinée et d'un haut relief, due à des artistes de premier ordre, moulures du plafond en harmonie avec la salle. Ouverte en 1753, cette galerie et le salon consacré aux médailles remplaçaient le galetas où jusque-là avait été relégué ce musée. C'est un monument historique dont aucun détail ne saurait être modifié. Le fondateur du cercle, M. Baric, qui fut proviseur de 1862 à 1870, jugeait qu'un parquet ciré eût été plus confortable que le carrelage de l'époque ; l'architecte déclina la responsabilité d'un anachronisme. De même fut conjuré un danger plus sérieux : il fut question d'assigner aux armoires un nouvel emploi aux Tuileries, où elles eussent logé les collections d'armes de Napoléon III ; par malheur ou plutôt par bonheur, comme propriété de la ville, elles étaient inaliénables. L'escalier aux solides balustres de chêne, qui aboutit au cercle après avoir conduit aux appartements du Proviseur et du Censeur, n'est pas sans mériter un regard comme type d'une époque (XVIIe ou XVIIIe siècle).

Le corps de logis qu'il dessert, est attribué au Père de Creil et grâce aux lignes de ses toits, de ses pavillons, de ses fenêtres, il a grand air dans sa simplicité, du moins du côté du midi ; en outre il est égayé par le vaste jardin du Proviseur. Sa façade, au lieu d'être continuée par le mur qui sépare les jardins de la grande cour, avait jadis pour prolongement une belle grille à claire-voie. Le petit Lycée a, lui aussi, quoique tout au plus quinquagénaire, son legs de souvenirs historiques, puisque son terre-plein représente les tours, les murs et les fossés du Paris de Philippe-Auguste, dont la ligne est reconnaissable au relief du sol et dont les fondations subsistent peut-être sous terre. On prétend même reconnaître les vestiges de la porte papale, ce qui est inadmissible, puisqu'elle se trouvait là où débouche la rue d'Ulm, par conséquent hors de l'enceinte actuelle du Collège.

Le jardin des abbés était le plus grand du vieux Paris ; une partie en fut distraite pour la construction de la nouvelle Sainte-Geneviève ; cependant, sous les premiers proviseurs, il s'étendait encore jusqu'à la naissance de la rue d'Ulm et c'est à ses dépens que fut construit le réservoir des eaux de la ville et achevée la place du Panthéon. Avant cette époque, la distribution des prix avait eu lieu sous une tente dressée à l'endroit qu'occupe ce réservoir; et de ce côté l'on ne pouvait gagner la rue Clovis, qu'en doublant la façade du Panthéon. Le percement complet de la rue Clotilde fut la séparation définitive de ce monument et du collège. Néanmoins, jusqu'aux journées de juin 1848, l'on vit sur le pavé de la place subsister deux arbres, restes du jardin provisoral, plantés sous M. de Wailly père; mais, lors de la reprise du Panthéon par les troupes, le canon leur fut moins clément que les ingénieurs qui les avaient laissés subsister.

Aussi longtemps que la bibliothèque fut maintenue dans son ancien local, les élèves n'avaient accès au collège que par la porte de la rue Clovis; les pensions, dont l'une surtout était très nombreuse, se rangeaient sous les arcades du cloître à la place qu'un écriteau assignait à chacune d'elles, pour y attendre le signal de l'entrée en classe. Quant à la bibliothèque, le public en gagnait l'escalier par la porte aujourd'hui réservée aux externes; mais jadis cette porte, au lieu de donner directement sur la rue, s'ouvrait sur un vestibule ou une cour formée par un avant-corps de bâtiments qui, faisant une impasse de la future rue Clotilde, représentait la principale entrée de l'abbaye. Voici en quels termes Brice décrit cette construction (1694) : « Dans l'intérieur
« de la maison, il y a beaucoup de belles choses, particulièrement
« en architecture : on y a fait des réparations considérables; la
« grande porte était très incommode et l'on en a bâti une autre à
« sa place en manière de double portique soutenu sur des colonnes
« doriques, d'une proportion très régulière, avec deux pavillons
« carrés aux extrémités. Vis-à-vis cette porte il y a une fontaine
« au pied d'une figure de Sainte Geneviève dans une manière
« de niche ou d'arcade ornée de deux colonnes ioniques » (t. II, p. 30). Le Maire parle également de ce double portique, des deux pavillons carrés et de la sainte Geneviève ayant une fontaine à ses pieds et placée dans la cour. Pour nous, la niche ou arcade à colonnes ioniques subsiste encore et, bien qu'on la prenne en

général pour un portail condamné, elle n'a, vu la disposition

Abbaye de Sainte-Geneviève : vue prise du côté du midi ; vers 1790.

intérieure des lieux, jamais pu servir de porte d'entrée. Quant à la sainte Geneviève disparue, ne répond-elle pas au signalement de l'ancien lavabo du XVIᵉ siècle? Les deux pavillons étaient trop rapprochés du Panthéon pour qu'on les laissât subsister et il serait à souhaiter que la maison n'eût pas subi de plus regrettable mutilation.

TROISIÈME PARTIE

LES MONUMENTS DISPERSÉS

Les monuments que renfermait l'ancienne basilique n'ont pas tous péri ; quelques-uns, en petit nombre, il est vrai, ont échappé à la destruction, et, quoique dispersés, ils n'en appartiennent pas moins à l'histoire de l'abbaye ; il importe donc de les étudier là où les a amenés le hasard de leur destinée, les uns à Paris, les autres à ses portes.

Saint-Denis. — La série des tombes royales s'ouvre à Saint-Denis par un monument de Clovis ; il ne s'agit pas du tombeau élevé par Clotilde sur les restes de son époux, mais de celui qui, six cents ans plus tard, fut placé dans le chœur de l'église conventuelle. Ce monument de pierre « mangé et difforme d'antiquité » (du Breuil) offusqua les yeux du cardinal de La Rochefoucauld qui en commanda un neuf de marbre blanc. C'est à cette circonstance qu'est due la conservation du tombeau en pierre qui, relégué dans la crypte, passa inaperçu en 1793, tandis que le marbre de l'église haute fut brisé, en même temps que les tombes de Clotilde et de ses petits-fils, les enfants de Clodomir. L'effigie de Clovis, bien que datant de la fin du XIIe siècle ou des premières années du XIIIe, est d'un travail lourd et grossier, la taille est épaisse et courte, la tête d'une grosseur disproportionnée ; les pieds du défunt costumé à la mode du temps, reposent sur un lion minuscule et de facture absolument barbare. Il n'y a aucune raison de croire que l'on ait sous les yeux un portrait ressemblant du roi franc. Du moins, la tombe est bien authentique. On n'en peut dire autant de deux statues également placées à Saint-Denis sous les noms de Clovis et de Clotilde ; ce sont des personnages quelconques détachés du portail de Notre-Dame de Corbeil et arbitrairement érigés en souverains (note J).

Saint-Étienne du Mont. — Saint-Étienne du Mont, héritier du culte de sainte Geneviève, doit également au hasard la conservation de la relique qu'il offre à la vénération de ses pèlerins. En **1792**, il avait reçu le monument et la châsse de la sainte, mais pour se les voir bientôt enlever; en **1803**, il put, du moins, recueillir la pierre qui formait la partie inférieure du sarcophage où avait reposé la dépouille de Geneviève, avant d'être placée dans une châsse. Cette pierre, exposée dans la crypte de l'abbatiale, était elle-même l'objet d'une grande vénération; des fidèles trop fervents en détachaient sans cesse des fragments afin de les garder comme reliques et il avait fallu la protéger par un revêtement de marbre; le vieux cardinal de La Rochefoucauld avait lui-même donné le mauvais exemple, puisque de cette pierre il tirait par des grattages une poudre dont il composait des pilules pour les malades. Échappée à la destruction, elle a été placée dans une chapelle que la piété des visiteurs convertit en chapelle ardente, surtout pendant la neuvaine annuelle de 3 au 12 janvier, où toutes les paroisses de la banlieue s'y rendent processionnellement et la tapissent de leurs bannières.

L'église possède en outre trois des tableaux votifs offerts jadis par la Ville, à la suite des processions de la châsse (note K). Le plus beau est celui où Largillière, peignant son ami Santeul à côté de lui-même, a commis la faute de le vêtir de noir. Cette toile rappelle le vœu fait à la suite de deux années de famine (**1694**). Quant aux deux autres, l'une a été commandée à de Troy, le père, pour la cessation de l'affreux hiver de **1709**; l'autre à de Troy, le fils, après une sécheresse menaçante pour les récoltes (**1725**). Suivant l'usage adopté pour les peintures votives, les donateurs sont groupés sur le premier plan et au-dessus d'eux, dans une gloire, apparaissent les puissances célestes invoquées par eux. L'intérêt en est donc moindre pour l'histoire de l'abbaye que pour celle de l'édilité parisienne, dont les membres ont posé pour les principales figures; celles de l'ex-voto de Largillière sont d'un maître du portrait. De Troy le père a du moins donné comme

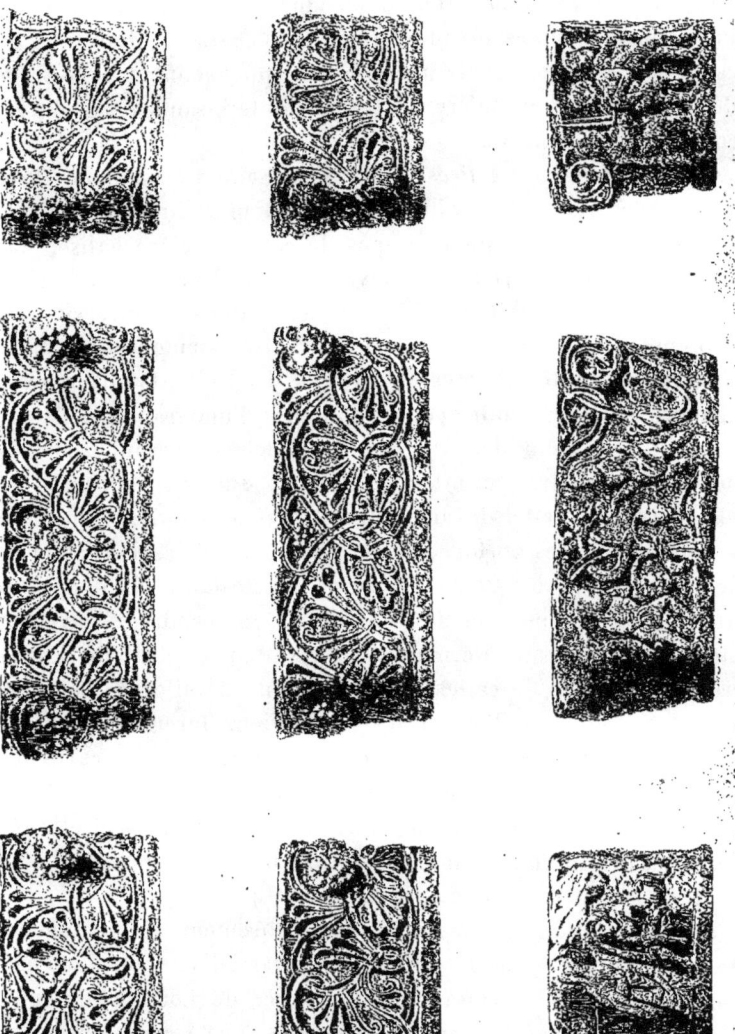

Abbaye de Sainte-Geneviève. — Chapiteaux de la nef. (*Statistique monumentale de Paris*, par A. Lenoir.)

fond à sa composition le chœur de Sainte-Geneviève avec la décoration appropriée à la circonstance. Plusieurs fresques du Panthéon consacrées aux processions de la châsse, surtout celle où est représenté le miracle des Ardents, appartiennent à un ordre de conception tout différent et sont d'intéressants essais de reconstitution historique.

Saint-Germain des Prés. — L'église Saint-Germain des Prés avait certes moins de droits que Saint-Étienne-du-Mont sur Descartes qui reposa à quelques pas de cette dernière église, plus près encore de la Tour de Clovis, à une place qu'il ne serait peut-être pas impossible de déterminer et qui se trouverait probablement dans l'enceinte du Lycée. Les ossements du philosophe avaient été inhumés dans la nef de droite, tandis que son médaillon en terre cuite et deux épitaphes, l'une française, l'autre latine, se voyaient dans la nef de gauche. Pendant la Révolution, les cendres furent recueillies et, sur la proposition de Joseph Chénier, elles devaient être placées au Panthéon, mais on se contenta de les porter, avec le monument et les deux inscriptions, au Musée des Petits-Augustins. La Restauration s'en montra moins soigneuse que la République; les cendres trouvèrent bien un asile à Saint-Germain des Prés, dans la chapelle du Sacré-Cœur, à côté de celles des bénédictins Mabillon et Montfaucon, mais le médaillon et les inscriptions furent égarés. En 1855, M. de Guilhermy en reconnaissait une dans les caves du Louvre. L'Académie présida à la cérémonie de la translation; c'était la troisième pour la dépouille de Descartes; — et elle rédigea les inscriptions actuelles des trois tablettes de marbre noir scellées dans le mur de la chapelle (note L).

École des Beaux-Arts. — Le démembrement du monument de Descartes n'est pas le seul acte de vandalisme ou d'incurie qui ait été commis lorsqu'une ordonnance de Louis XVIII supprima le Musée des monuments français formé par Alexandre Lenoir et affecta les Petits-Augustins à l'École des Beaux-Arts; celle-ci, dédaignant plus d'un morceau dont elle se ferait honneur aujourd'hui, n'en expédia qu'un trop grand nombre aux chantiers de Saint-Denis où l'on en tira des pièces de rapport

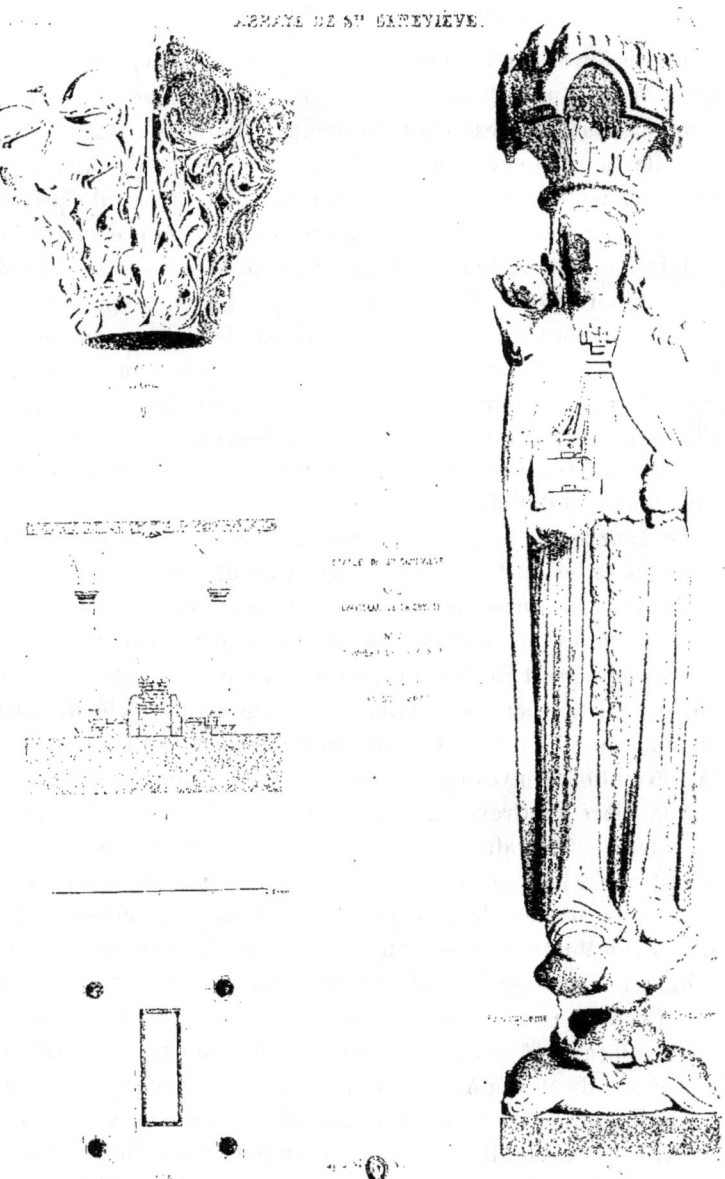

Statue de sainte Geneviève, chapiteaux de la nef; plan du tombeau.
(*Statistique monumentale de Paris*, par A. Lenoir).

pour restaurer les tombes endommagées, où même on en composa des monuments nouveaux; le mot de truquage n'existait pas encore, mais la chose était royalement pratiquée. Quelques débris de Sainte-Geneviève ont dû périr dans ce gaspillage. Du moins, l'École des Beaux-Arts possède un morceau de premier ordre, « une tombe admirable, gravée en creux et présentant l'ef- « figie d'un chancelier de Notre-Dame de Noyon mort en 1350 » (de Guilhermy, p. 232). Elle garde aussi les chapiteaux des colonnes qui soutenaient la nef de l'abbatiale et qui, comme nous l'avons déjà dit, dataient du xie siècle. Exposés dans la seconde cour, ils représentent : la Création de la femme, le Péché originel, l'Expulsion du paradis, les Signes du Zodiaque; les figures sont d'un travail assez grossier, mais les feuillages et les rinceaux sont plus finement détaillés.

Le Louvre. — L'abbaye de Sainte-Geneviève est représentée dans les salles du Louvre réservées aux sculptures du Moyen Age et de la Renaissance par quelques morceaux très importants. Nous avons déjà dit que la châsse où étaient renfermées les reliques de sa patronne avait été détruite; c'était une pièce d'orfèvrerie exécutée en 1242 par un ouvrier très renommé, appelé Bonnard; chaque génération l'avait à l'envi enrichie de nouvelles pierreries; la Révolution l'envoya à la monnaie, les reliques furent brûlées sur la place de Grève; il était inutile de chercher à les sauver, mais les quatre statues de femmes plus grandes que nature, qui, sculptées en bois par Germain Pilon et placées sur des colonnes de marbre derrière le maître-autel, soutenaient la châsse, furent portées au Musée des Petits-Augustins, d'où elles passèrent au Louvre. Le Louvre a également reçu du même musée une Pietà, bas-relief votif en pierre que Juste de Serres, évêque du Puy (mort en 1641), plaça en 1600 dans l'église de Sainte-Geneviève. — Parmi les sculptures du Moyen Age figure une pièce capitale pour l'histoire de la basilique, la sainte Geneviève de pierre (xiiie siècle ou fin du xiie) qui décorait le trumeau de sa porte médiane. Elle a été retrouvée en 1844, sous le pavé de la rue Clovis où elle avait été enfouie parmi les décombres; elle était restée en dépôt jusqu'à ces dernières années dans la sacristie du Lycée; le Louvre la ré-

TOMBEAU DE DESCARTES.

TOMBEAU DU CARDINAL DE LAROCHEFOUCAULD.

Tombeaux
du cardinal de La Rochefoucauld
et
de Descartes. (*Statistique monumentale de Paris*,
par A. Lenoir.)

clama, mais en fit exécuter des moulages, dont l'un a été placé dans la chapelle du collège, l'autre envoyé à Saint-Denis. La sainte, debout sous un dais, tient un livre et un cierge : un diable perché sur son épaule gauche, un ange placé sur son épaule droite, s'efforcent, l'un d'éteindre, l'autre de protéger le flambeau qui doit la guider dans ses pèlerinages nocturnes aux tombeaux des martyrs. Parmi les épaves provenant des chantiers de Saint-Denis (chapiteaux, pièces d'ornementation) il importe de signaler comme le plus vénérable de ces débris, celui qui porte le n° 1 et dont le Catalogue sommaire du Musée donne la description suivante : « Chapiteau de l'abbaye Sainte-Geneviève de Paris « (marbre), taillé au xie ou au xiie siècle dans un chapiteau de « la basilique mérovingienne élevée par Clovis sous le vocable « des SS. Apôtres. La partie sculptée aux temps romans repré- « sente Daniel dans la fosse aux lions. La partie sculptée au « vi^e siècle reproduit la feuille d'acanthe familière à la décora- « tion architectonique de l'antiquité classique. » Voilà le seul fragment authentique du temple construit par Clovis et Clotilde !

Hospice d'Ivry. — C'est à Ivry qu'après plusieurs pérégrinations a été transporté le somptueux mausolée du cardinal de La Rochefoucauld, attribué sous la Restauration aux Incurables de la rue de Sèvres, dont le cardinal avait été le bienfaiteur, et qui suivit l'hospice, lors de sa translation à Ivry. Le prélat y est représenté à genoux, drapé dans les plis d'un ample manteau dont la queue est portée par un ange à demi nu (ou un amour, dit l'historien de Paris Le Maire). Saint-Foix, l'auteur des *Essais historiques sur Paris,* trouve qu'il eût été plus convenable de faire revêtir à ce singulier page la livrée du prélat, son maître. Malgré cette innocente plaisanterie, l'œuvre produit un grand effet et elle fait honneur au ciseau du sculpteur flamand Buyster. La tête offrit un beau modèle pour le buste qui fut commandé pour la nouvelle bibliothèque, où une inscription décerne au cardinal le titre de bienfaiteur. Ce n'est pas un médiocre honneur que d'avoir attaché son nom à deux créations durables : un hospice et une bibliothèque.

Musée de Cluny. — Au Musée de Cluny ont été déposées les

plus intéressantes des épaves exhumées dans diverses fouilles : sarcophages, pierres tombales, inscriptions, etc.

En parcourant le Lycée, on peut reconnaître çà et là des débris de dalles utilisés comme vulgaires matériaux, mais qui sait combien d'objets dignes d'intérêt recèle encore un sol tant de fois bouleversé et où ne se sont que trop souvent entassées des ruines? Pendant les vacances de 1867, il a suffi de creuser le terrain à quelques pieds de profondeur dans la Cour des classes pour y découvrir un vrai trésor. Des terrassiers, occupés à des travaux de canalisation, rencontrèrent sous leurs pioches une cachette pratiquée sur une sorte de marche à l'aide de quatre briques et d'où jaillirent des pièces d'or. On survint au moment où ils se partageaient ce butin qu'ils jugeaient de bonne prise et dont on les laissa emporter une partie; il resta cependant sept cents pièces environ, dont les plus récentes dataient des empereurs romains Trajan et Caracalla. Elles furent vendues plus tard au profit de la Ville, propriétaire du terrain, et de l'entrepreneur des travaux, à titre d'inventeur. Dans quelles circonstances, par quelles mains ce dépôt si longtemps gardé par le sol lui a-t-il été confié? C'est le secret d'un passé encore plus lointain, encore plus obscur que celui auquel nous avons dû remonter pour nous reporter jusqu'aux origines de l'abbaye.

FRÉDÉRIC SOEHNÉE,
Professeur honoraire au Lycée Henri IV.

NOTES

Note A, page 6.

Ces diverses reconstructions entraînaient l'abbaye dans des dépenses auxquelles elle ne pouvait faire face que par des aliénations de terrain. On sait, par exemple, qu'en 1261 elle n'était plus propriétaire dans le voisinage immédiat de la porte Saint-Marcel; la rue Descartes actuelle exista, sous un autre nom, dès cette époque, et elle est restée une triste servitude pour le Lycée avec toutes les fenêtres de ses arrière-façades qui prennent jour sur lui. Le Clos Sainte-Geneviève, sur lequel a été ouverte la rue neuve Sainte-Geneviève (rue Tournefort), fut considérablement entamé par des ventes successives. C'est à des besoins analogues, plutôt qu'à la libéralité des moines, que leurs serfs durent, vers la même époque, la possibilité de se racheter dans les villages de Choisy-le-Roi, de Creteil, de Nanterre, d'Espineuil, de Rongis, de Vanves, toutefois sans que la libération entraînât l'exemption de la taille, de la corvée, des droits d'aubaine, de moulin, de four, de pressoir banal, etc. Ce n'étaient pas là les seules propriétés des religieux dans la banlieue de Paris; on les rencontre à peu près partout; ils prétendaient tenir de Clovis leurs droits seigneuriaux sur Issy et une partie de Vaugirard. Lorsque Louis XIV voulut ajouter Trianon à son palais de Versailles, il les trouva propriétaires du petit village qui portait ce nom et qui était connu au xiie siècle sous le nom latin de Triarnum; le roi en acheta la terre et ses dépendances pour les enclore dans le grand parc, et fit détruire l'église et les maisons (1663). Jusqu'à la Révolution, les Génovéfains gardèrent leur maison de campagne d'Auteuil dont le vignoble rivalisait avec les crus jadis en renom de Suresnes et d'Argenteuil et leur permettait d'offrir aux évêques des feuillettes très bien accueillies par ces prélats. Ils possédaient en outre, dans le voisinage de leur couvent, rue de la Santé, une maison dite « Maison de récréations ». Assez bizarre était le droit qu'ils se réservèrent à Vanves et qu'ils soutinrent obstinément devant les tribunaux, celui de déléguer un des leurs pour faire le cri, c'est-à-dire donner le signal de départ à la *Fête de l'Épée*. Tel était le nom d'une course à pied où seuls étaient admis les valets du bourg. Les coureurs partaient de la porte d'Enfer (ancienne place Saint-Michel, représentée à peu près par notre Place de Médicis). Le premier arrivé à Vanves recevait une épée de vingt sols. L'émulation était si vive qu'elle amena des conflits où le sang coula même plusieurs fois. Aussi, la suppression de ce sport dut-elle, par la suite, être prononcée. Les jeunes villageoises avaient également leur *Fête de la Rose*, qui se célébrait le même jour (dimanche de la Trinité) et consistait dans le don d'une rose de trente sols à la « meschine » (servante) la plus sage.

Si nous passons de l'autre côté de Paris, à Rosny, l'abbé ne montre pas moins d'opiniâtreté à maintenir ses droits; les gens du bourg prétendaient être de simples vassaux, et, lui, voulait les traiter en serfs; Louis VII fut choisi comme juge en qualité de suzerain, parce que les abbés tenaient leur fief des rois à qui, chaque année, ils devaient six oies blanches; faute de preuves, le duel judiciaire fut ordonné; les vilains se rendirent bien dans la cour de Sainte-Geneviève convertie en champ clos pour le combat, mais quand ils virent les champions choisis par l'abbé Hugues, ils firent volte-face. Le roi, averti de leur retraite, en conclut que leur cause était mauvaise, puisque, selon lui, ils n'auraient pas reculé, s'ils s'étaient sentis forts de leur bon droit, et ils furent déclarés bien et dûment serfs (1199).

Note B, page 10.

La réforme ordonnée par Eugène III, événement de grande importance dans l'histoire de l'abbaye, fut signalée dans le livre des Évangiles de la maison par la note suivante :

> Anno Domini 1148, ivit rex Ludovicus Jerusalem : Eodem
> anno, Ecclesia nostra de statu Canonicorum secularium
> ad Regularem ordinem est mutata, ope atque industria
> Sugerii, bonae memoriae, sancti Dionysii Abbatis :
> injungente eidem Abbati Domino Eugenio Papa
> recordationis sanctae et illustri Francorum Rege
> Ludovico supradicto.

Le chapitre de Sainte-Geneviève, pris comme un chapitre modèle, eut avec le Danemark des relations intéressantes qui datent du jour où Absalon, évêque de Rocskild, désireux de fonder un couvent de chanoines réguliers, demanda à l'abbé de lui envoyer une colonie des siens; aussi voyons-nous sortir du couvent parisien un assez grand nombre de Danois; c'est saint Guillaume de Danemark, dont notre Bibliothèque Nationale conserve des lettres manuscrites; c'est Étienne, évêque de Roeskild, devenu chancelier du royaume; plus tard, c'est un prince royal de Danemark, Waldemar, qui vient s'y retirer. Parmi les donateurs figurent Nicolas et Jean de Danemark, qui lèguent des manuscrits aux chanoines français (XIIIe siècle).

Note C, page 16.

L'épitaphe du cardinal de La Rochefoucauld est un résumé de ses titres et de sa vie :

   Eminentissimo S. R. E. Cardinali
    Francisco
  de la Rochefoucault
  antiqua et perillustri stirpe oriundo ;
    Doctrina, pietate
  et omni virtutum genere celeberrimo,
    Primum Claromontano ;
  deinde Silvanectensi Episcopo ;
  antiquae religionis et Ecclesiasticae
    dignitatis acerrimo defensori ;
  Rerum et consiliorum publicorum
    in Gallia quondam praesidi,
  Et administratori integerrimo ;
  Summo Galliarum Eleemosinario
  et optimo pauperum parenti ;
  Religiosorum ordinum amantissimo
    Patrono
  Regularis Canonicorum Sancti Augustini
    disciplinae vindici et restitutori,
  Hujus domus Abbati Religiosissimo
    ac munificentissimo benefactori,
  Hoc superstitis et aeterni amoris
  ac observantiae monimentum
  tristi religione mœrentes posuerunt
    Abbas
  et canonici regulares hujus Ecclesiae.
   Hic titulum Abbatiae
   quem ante ipsum nemo
  nisi istius domus Canonicus possederat
    huic eidem familiae restituit :
  Ossa ejus in subterraneo specu sacelli
    inferioris jacent :
  Obiit an. D. 1645
   die feb. 14. Ætatis 87.

François de La Rochefoucauld eut pour mère Fulvie Pic de la Mirandole, comtesse de Randan, une des femmes les plus distinguées du xvie siècle, fille de Galéas, prince de la Mirandole, et d'Hippolyte de Gonzague; elle fut appelée fort jeune avec ses deux sœurs à la cour de Catherine de Médicis. La plus jeune mourut sans être mariée; Fulvie et sa sœur Sylvie épousèrent les deux frères, de la maison de La Rochefoucauld; Fulvie eut pour mari Charles de La Rochefoucauld, comte de Randan qui mourut, au siège de Rouen, de blessures reçues à celui de Bourges, et la laissa veuve à l'âge de vingt-deux ans. Sylvie fut accordée au Prince de Marcillac, comte de La Rochefoucauld, et mourut en donnant le jour à François IV, aïeul de François VI, l'auteur du livre des *Maximes*.

Le cardinal mourut dans la maison de Sainte-Geneviève, qu'il n'avait plus quittée; il avait quatre-vingt-sept ans; l'âge n'avait pas été sans affaiblir ses facultés; et, même antérieurement, il n'aurait pas toujours fait preuve d'une piété bien saine, s'il est vrai qu'il ait prêté la main, étant évêque de Clermont, aux excentricités religieuses de son frère Alexandre, prieur de Saint-Martin-en-Vallée. Celui-ci donna tête baissée dans les fourberies de Marthe Brossier, prétendue possédée, et s'avisa de l'utiliser comme argument irrécusable à l'appui de la présence réelle, puisque les démons, sous le pouvoir de qui elle se trouvait, pris de terreur, la secouaient d'horribles convulsions, dès qu'on approchait d'elle le Saint Sacrement. Le Prieur, mal inspiré, s'avisa d'aller l'exhiber à Rome, où le cardinal d'Ossat lui ménagea un si triste accueil qu'il en mourut de chagrin (voir l'*Abrégé* de Mézerai, à l'an 1599). La Rochefoucauld n'avait alors aucune relation avec Sainte-Geneviève, mais, de son côté, l'abbé Joseph Lefoulon faisait bon accueil à Marthe Brossier et même signait ses certificats de démoniaque.

Le tombeau de ce prélat genovéfain avec sa figure en bronze se voyait dans la chapelle du cloître; elle portait cette épitaphe :

Hic jacet
Hujus Ecclesiae canonicus,
qui, an. Domini 1557.
in abbatem Dei gratia electus,
ita sapienter vitam instituit,
ut omnibus,
duris licet temporibus,
gratus carusque esset.
Cujus anima in pace quiescat
Amen.
Obiit
7. Aug. 1607.

Comment le Père Le Foulon s'y prit-il pour être cher et agréable à tous, malgré la dureté des temps? Peut-être dut-il ce témoignage à un excès de complaisance et de laisser aller; l'épitaphe ne serait-elle pas du Père de Brichanteau qui fut assez de ses amis pour vouloir être enterré dans la même tombe (en 1619) et qui lui-même se montra si mauvais administrateur?

(*P. S.* — L'hospice de La Rochefoucauld actuel ne date que de 1781 et doit son nom à une vicomtesse de La Rochefoucauld.)

Note D, page 18.

Inscription de Santeul pour le tableau votif de 1694 :

> Urbs jam passa famem, messisque incerta futurae,
> Patronam imploras; supplicat illa Deo.
> Rumpuntur nubes, seges arida crevit ab undis;
> Obstupuit fruges terra beata suas.
> Regia ne steriles timeas urbs amplius annos,
> Fundus non mendax stat Genovefa tibi.

Vers tirés de la *Lutetia renovata* :

> Jamdudum exesa Regina Lutetia palla
> Annorumque situ, et ruga deformis anili,
> Squallebat socias inter despectior urbes.
> At nunc illa novos tandem pulcherrima vultus
> Induet et turres arcesque in pulvere ponet,
> Indignas arces, indignas principe turres.
> Rumpuntur portae antiquae, rumpuntur et arces,
> Relliquiae putres murorum, avulsaque saxis
> Saxa jacent.....

Toute la pièce est intéressante pour l'histoire de Paris.

Note E, page 19.

Peut-être est-ce à cette époque que disparut du parvis de Sainte-Geneviève le poteau, aux armes des abbés, dressé en ce lieu comme emblème de haute justice seigneuriale. La justice ecclésiastique n'était pas moins prodigue de supplices que la justice laïque, toutefois il est équitable d'admettre un correctif pour deux exemples que cite M. de Ménorval dans son histoire de Paris; il parle d'une malheureuse condamnée par le bailli de Sainte-Geneviève à être enterrée vive, en punition d'un vol (1293), et d'une autre frappée de la même peine pour avoir dérobé une cotte et quelques bijoux. Or, il ne s'agit pas dans ce cas d'un enterrement réel, mais de la peine appelée « enfouissement », qui consistait à enterrer le patient jusqu'à la ceinture et à le laisser ainsi exposé pendant quelque temps (voir le *Magasin pittoresque*, article sur Sainte-Geneviève [XXVᵉ année, 1857, p. 178.]).

Dans le plan de Paris de Vassalieu (1609) (v. page 17), on aperçoit au delà du rempart la haute potence garnie d'échelons, destinée au supplice de l'estrapade, qu'en ce moment même subit un patient. C'était une punition corporelle restée en usage dans notre marine jusqu'en 1848, sous le nom de cale sèche et de cale humide. Le condamné, lié par les mains et les pieds, était, au moyen d'une poulie, hissé à un gibet d'où on le laissait retomber presque sur le sol. La secousse plusieurs fois répétée produisait une commotion telle que parfois le supplicié rendait le dernier soupir. Sous François Iᵉʳ et ses successeurs, les huguenots étaient ainsi suspendus au-dessus du bûcher pour y être précipités. L'estrapade étant tombée en désuétude sous Louis XIV, la place n'en conserva pas moins son nom et fut réservée aux exécutions militaires jusqu'au moment où l'on ouvrit les chantiers du futur Panthéon.

(Voir les *Grandes misères de la Guerre* de Jacques Callot.)

Note F, page 19.

Le seul poète genovéfain dont on prononce encore le nom est le Père Louis de Sanlecque et encore n'a-t-il échappé à l'oubli que parce qu'il épousa la querelle du duc de Nevers dans sa campagne contre Racine et Boileau, à l'occasion des deux Phèdre. Il écrivit, pour son Mécène et celui de Pradon, la pièce qui débute par ces vers :

> Dans un coin de Paris, Boileau tremblant et blême
> Fut hier bien frotté, quoiqu'il n'en dise rien... (1).

En récompense, le duc prétendit le faire nommer évêque de Bethléem, mais le Roi s'opposa à la remise des bulles, à cause d'une satire contre les directeurs de conscience que le père avait composée. Certes on ne peut le considérer comme un bon poète, mais il serait peut-être intéressant de chercher si, jusqu'à un certain point, il ne subit pas l'influence de l'esprit genovéfain. Dans une maison où fréquentait Corneille, on était porté à prendre parti contre Racine. Quant aux directeurs, des religieux, témoins de pratiques auxquelles eux-mêmes restaient étrangers, devaient quelquefois s'en scandaliser.

Sanlecque prodigue dans sa satire l'épithète de Tartufe et l'applique hardiment à des ecclésiastiques, ce que Molière n'avait pu se permettre au théâtre. Quelques bons traits, des détails de mœurs pris sur le vif, ne permettent pas de considérer le chanoine de Sainte-Geneviève

---

(1) L'on n'a plus aujourd'hui que les quatre premiers vers de cette pièce.

comme un satirique tout à fait méprisable. C'était d'ailleurs un excellent prêtre, fils d'un savant et habile imprimeur du quartier latin; il se retira dans son prieuré de Garnay, près de Dreux, et les revenus de sa cure furent moins à lui qu'à ses ouailles. Voici une pièce qui donnera peut-être une meilleure idée de son esprit que de sa pauvre église de campagne. Il s'adresse au Père La Chaise :

> Permettez, Révérend Père,
> Qu'un malheureux prieur-curé
> Vous dépeigne ici sa misère,
> C'est-à-dire son prieuré.
>
> Dans mon église l'on patrouille (1),
> Si l'on ne prend bien garde à soi,
> Et le crapaud et la grenouille
> Chantent tout l'office avec moi.
>
> Près de là sont dans des masures
> Cinq cents gueux couverts de haillons,
> Point de dévote à confitures,
> Point de pénitente à bouillons.
>
> Comme ils n'ont ni terres ni rente,
> Et qu'ils sont tous de pauvres gens,
> (Dans un Curé, chose étonnante)
> Je suis triste aux enterrements.

Note G, page 25.

L'un des plus riches apports au Cabinet des médailles et des curiosités avait été l'acquisition du cabinet célèbre formé par le savant Peiresc, l'ami du poète Malherbe. L'histoire manuscrite de *Sainte-Geneviève* et de *son église royale et apostolique* citée par M. Franklin, en parle ainsi : « Au reste, on peut attribuer à un bonheur singulier de ce que « le riche et fameux cabinet de l'illustre Peiresc, conseiller au Parle- « ment d'Aix, qu'il avait amassé dedans Rome et dedans le Levant, « avec tant de soin et de dépense, dont Gassendj et d'autres autheurs « ont parlé avec tant d'éloges, soit passé à Sainte-Geneviève, pour venir « fonder et composer celuy-cy. »

Du Molinet a publié le catalogue des curiosités contenues dans son cabinet sous le titre que voici : « Le Cabinet de la bibliothèque Sainte- « Geneviève, divisé en deux parties, contenant les antiquitez de la « religion des chrétiens, des Égyptiens et des Romains, des tombeaux, « des poids, des médailles, des monnoies, pierres antiques gravées, « lampes antiques, animaux rares et singuliers; des coquilles, des

---

(1) Synonyme de patauger.

« fruits étrangers et quelques plantes exquises, par Claude du Moli-
« net. Paris, 1692, in-folio, orné de planches très curieuses » (Voir
Franklin, p. 85). La bibliothèque actuelle a conservé de ce cabinet un
modèle de corvette et un plan de Rome en relief de 14 pieds sur 12.

Le Cabinet d'histoire naturelle est, en partie du moins, resté au
Lycée, qui le garde dans les armoires du cercle.

Le Père Pingré, chanoine régulier de Sainte-Geneviève et bibliothécaire, chancelier de l'Université, membre de l'Académie des sciences, géographe de la marine, né à Paris en 1711, mourut en 1796 avec son titre de bibliothécaire, que la Révolution ne lui avait pas fait perdre. L'Académie des Sciences l'avait chargé de faire plusieurs voyages importants ; il avait contribué à perfectionner l'art de vérifier les dates, calculé les éclipses de mille ans avant notre ère. On lui doit le cadran solaire de la colonne de Médicis, à l'ancienne halle au blé (Bourse du Commerce actuelle). Les cadrans solaires du Lycée sont très vraisemblablement de lui ; à celui de la grande cour il superposa un autre cadran, dont l'aiguille, en communication avec une girouette aujourd'hui immobilisée par une cheminée malencontreuse, indiquait la direction du vent. Quant au cosmographe de la même cour, le collège n'en a été doté qu'il y a une cinquantaine d'années (1).

Note H, page 36.

Il y a dans la gravure du *Magasin pittoresque* une part de fantaisie qui n'en diminue pas l'intérêt, mais qu'il est cependant à propos de signaler ; l'artiste a nécessairement dessiné la catacombe « de chic » et non d'après nature ; outre qu'il suppose des assises d'une régularité trop architecturale, il historie sa vue de quelques crânes placés là pour l'effet, mais en réalité l'on n'en voit que dans l'ossuaire de Montsouris. Quant à l'auteur du texte, il admet avec raison que le sol avait encore été plus profondément fouillé par les potiers gaulois, puis romains, dont on a trouvé les fours sur toute la montagne et qui devaient, à l'aide de puits, chercher l'argile au-dessous du terrain calcaire.

Il y a quelques années, les élèves du Grand Collège étaient gracieusement invités à assister à des conférences consacrées par M. Périn à l'étude préhistorique du sous-sol de la montagne Sainte-Geneviève ; mais nous nous récusons pour un genre d'excursion qui réclamerait un autre cicerone que l'auteur de ce travail.

(1) Pingré a collaboré avec Monge, Lagrange, Guyton-Morveau, Dupuis, à un premier projet de calendrier républicain présenté à la Convention par le député Romme, et qui ne fut point adopté.

Note I, page 39.

La Galerie comptait cent six bustes en plâtre, terre cuite ou marbre. M. Franklin en reproduit le catalogue d'après l'inventaire déposé aux Archives. Les Grecs et les Romains y sont en grand nombre, quelques-uns même représentés par des marbres antiques. Quant aux modernes, ce sont des rois : François Ier, Henri IV, Louis XIII, Louis XIV, Louis XV ; des princes : le Régent ; des ministres : Sully, Richelieu, Colbert, etc., le maréchal de Saxe ; des artistes : Mansart, Lebrun, Soufflot, Rameau ; des savants : Dominique Cassini, Daubenton ; des bibliothécaires : du Molinet, Pingré ; enfin des écrivains : Rotrou, les deux Corneille, Boileau, Lafontaine, Santeul, Quinault, Descartes, Bossuet, etc. Moins rigoriste que l'Académie, la bibliothèque n'avait même pas exclu Piron, mais Racine était absent ; était-ce oubli ?

Note J, page 48.

Épitaphe de Clovis qui se lisait autrefois à Sainte-Geneviève, sur une large table de pierre appliquée à la muraille, au-dessus du tombeau. On l'a reproduite à Saint-Denis en petits caractères gothiques.

Hic est illustrissimus rex Ludovicus qui et Clodoveus ante Baptismum est dictus Francorum rex quintus, sedverus Christianus qui ab Anastasio imperatore consul et augustus est creatus.

Hunc sanctus Remigius baptisavit et in ejus baptismate angelus ampullam sacri chrismatis detulit.

Vi Aquitania Arianos expulit et totam illam terram usque ad montes Pyrenaeos subjugavit.

Huic per Viennam fluvium cervus mirae magnitudinis viam ostendit

Post quem (*faute, pour Postquam*) Rex ac milites vadum transierunt et in ejus adventu muri Angolismae civitatis corruerunt

Alamanniam, Toringiam et Burgundiam tributarias fecit et terram adjacentem transivit.

Parisiis sedem regni constituit, ecclesiam istam fundavit in honore apostolorum Petri et Pauli,

Monitis sanctissimae et non satis commendandae Clotildis uxoris suae et beatae Genovefae

Quam Sanctus Remigius dedicavit in qua post laudabilia opera rex sepultus est

A quatuor filiis suis regibus, Theodorico, Clodomiro, Childeberto et Clotario Anno domini V.XIII-Regni sui XXX.

Inscription du xviie siècle pour la tombe en marbre :

> Cludovaeo magno
> Regum Francorum primo Christiano
> Hujus basilicae fundatori
> Sepulcrum vulgari olim lapide constructum,
> Et longo aevo deformatum,
> Abbas et Conventus in meliorem opere
> Cultuque faciem renovaverunt.
> Anno Christi 1621.

Note K, page 48.

La procession des reliques de sainte Geneviève était un des gros événements de la vie parisienne, le recours suprême dans les grandes calamités publiques : famines, pestes, inondations, maladies des souverains. Elle ne pouvait avoir lieu sans un ordre du roi et un arrêt du Parlement. Dans le cortège prenaient place le Prévôt des marchands et ses échevins, les grands corps de l'État, la magistrature, le clergé, les métiers. L'évêque et son chapitre se rendaient à Sainte-Geneviève avec les reliques de saint Marcel pour y prendre la procession, la conduire à Notre-Dame et la ramener ensuite sur le Mont. L'abbé, crossé et mitré, pieds nus, aussi bien que ses chanoines, quelquefois porté sur sa chaise, avait le pas sur l'évêque placé à sa gauche, et tous deux donnaient la bénédiction par les rues. Une confrérie de bourgeois était investie du droit exclusif de porter la châsse et ne se serait laissé à aucun prix dépouiller de ce privilège.

La procession la plus anciennement mentionnée est celle qui eut lieu en 1131, sous Louis le Jeune, pour conjurer une épidémie meurtrière, le Mal des ardents, dont une église de la Cité, Sainte-Geneviève des Ardents, rappela le souvenir jusqu'en 1747, date de sa démolition. D'ordinaire, la ville commandait un tableau pour l'offrir en ex-voto à la basilique. Nulle procession n'égala en magnificence celle du 16 juin 1652. Le Cabinet des estampes conserve une gravure de l'époque où l'on voit l'abbé Antoine Sconin, l'oncle de Racine, porté en chaise à côté de l'évêque à pied. La foule y était telle que le grand miracle, pour Guy-Patin qui y assista, fut qu'il n'y eut personne d'écrasé (Lettre du 28 juin). On était en pleine Fronde, seize jours avant la bataille de la porte Saint-Antoine. Le peuple avait demandé à l'Hôtel de Ville que la descente des reliques eût lieu pour obtenir la paix, mais la paix par le départ de Mazarin. Mme de Motteville, dans ses Mémoires (tome IV, ch. xlviii, p. 13), insiste surtout sur la triste comédie qu'y joua le Prince de Condé : « Pendant cette pieuse action, M. le Prince, pour gagner le « peuple et se faire le roi des halles aussi bien que le duc de Beau-

« fort, se tint dans les rues et parmi la populace, lorsque le duc d'Or-
« léans et tout le monde était aux fenêtres pour voir passer la procession.
 « Quand les châsses vinrent à passer, M. le Prince courut à toutes
« avec une humble et apparente dévotion, faisant baiser son chapelet,
« et faisant toutes les grimaces que les bonnes femmes ont accoutumé
« de faire. Mais quand celle de sainte Geneviève vint à passer, alors,
« comme un forcené, après s'être mis à genoux, il y fit baiser encore
« son chapelet, il courut se jeter entre les prêtres et se retira avec
« l'applaudissement du peuple. Ils criaient tous après lui, disant : Ah!
« le bon prince! et qu'il est dévot! »
 La procession de 1675 eut pour spectatrice Mme de Sévigné, qui en parle en grande dame un peu dédaigneuse de la simplicité de cœur dont les « meilleurs bourgeois et le peuple » lui ont donné le spectacle. Elle ne se fait pas scrupule d'interpréter la cérémonie à sa façon; c'est saint Marcel en personne qui vient prendre la sainte; autrement elle ne marcherait pas. Le retour de saint Marcel à Notre-Dame est précédé par une scène de séparation qui pourrait être des plus vives, si les « Enfants de la sainte » n'y mettaient bon ordre : « Au sortir de Notre-
« Dame, le bon saint alla reconduire la bonne sainte jusqu'à un certain
« endroit marqué, où ils se séparent toujours, mais savez-vous avec
« quelle violence? Il faut dix hommes de plus pour les porter, à cause
« de l'effort qu'ils font pour se rejoindre; et si, par hasard, ils s'étaient
« approchés, puissance humaine ni force humaine ne pourraient les
« séparer : demandez aux meilleurs bourgeois et au peuple. Mais on les
« en empêche et ils font seulement l'un à l'autre une douce inclination
« et puis chacun s'en va chez soi. » (Voir les Lettres du 19 juillet et du
6 août. Voir aussi le *Journal* de Barbier, juillet 1725, p. 397-398, t. I).
 « La dévotion à Sainte Geneviève était si ardente chez le peuple
« parisien et surtout chez les femmes qu'elle dégénérait en idolâtrie :
« on n'abordait les reliques qu'avec des pleurs, des soupirs, des san-
« glots, des transports de passion enthousiaste; on lui demandait par
« billets écrits des remèdes pour tous les maux, des consolations pour
« tous les chagrins; on faisait toucher à la châsse des draps, des che-
« mises, des vêtements... » (Th. Lavallée, *Hist. de Paris*, II, p. 302).
 En 1789 et 1790, sainte Geneviève était encore associée à toutes les manifestations patriotiques. « A chaque instant poissardes, harengères,
« les femmes de la rue de Sèvres, du faubourg du Roule, etc., ima-
« ginaient d'aller en cortège, habillées de blanc, bouquets en main,
« bannières au vent, escortées par la garde nationale du quartier, avec
« la musique, remercier la bergère de Nanterre de la liberté recon-
« quise. Au retour d'une de ces processions, les dames du marché
« Saint-Martin passèrent chez Bailly, le nouveau maire de Paris, et
« lui présentèrent un bouquet avec une brioche. Il fut bien compli-

« menté et bien embrassé. Les jours suivants, cet exemple fut imité
« par tous les districts et le bon Bailly raconte dans ses Mémoires,
« avec un naïf chatouillement d'orgueil, ces défilés de demoiselles en
« blanc qui venaient le fêter et le baiser en revenant de faire visite à
« sainte Geneviève » (V^r Fournel, *les Rues du Vieux Paris*, p. 161).

Lorsque, en 1793, les reliques furent brûlées sur la place de Grève, l'autorité n'osa le faire que de nuit par crainte d'une émeute.

Note L, page 50.

Epitaphes de Descartes.

Descartes dont tu vois icy la sépulture,
A déssillé les yeux des aveugles mortels,
Et gardant le respect que l'on doit aux autels,
Leur a du monde entier démontré la structure :
Son nom par mille écrits se rendit glorieux.
Son esprit, mesurant et la terre et les cieux,
En pénétra l'abîme, en perça le nuages :
Cependant, comme un autre, il cède aux lois du sort,
Luy qui vivroit autant que ses divins ouvrages,
Si le sage pouvoit s'affranchir de la mort.

Renatus Descartes,
Vir supra titulos omnium philosophorum,
Nobilis genere, Armoricus gente, Turonicus origine;
  In Gallia, Flexiae studuit;
  In Pannonia, miles meruit;
  In Batavia, philosophus delituit;
  In Suecia, vocatus occubuit.
  Tanti viri preciosas reliquias
  Galliarum percelebris tunc Legatus
    Petrus Chanut
Christinae sapientissimae reginae, sapientum amatrici
Invidere non potuit, nec vindicare patriae;
Sed quibus licuit cumulatas honoribus
Peregrinae terrae mandavit invitus
Anno Domini 1650, mense Feb, 10. aetatis 54.
    Tandem post septem et decem annos,
    In gratiam Christianissimi Regis
      Ludovici Decimi Quarti,
Virorum insignium cultoris et remuneratoris,
    Procurante Petro Dalibert
      Sepulchri pio et amico violatore,
        Patriae redditae sunt.
Et in isto urbis et Artium culmine positae,

Ut qui vivus apud exteros otium et famam quaesierat,
Mortuus apud suos cum laude quiesceret,
Suis et exteris in exemplum et documentum futurus.
I nunc viator
Et divinitatis, immortalitatis que animae
Maximum et clarum assertorem
Aut jam crede felicem, aut precibus redde.

Cette épitaphe, attribuée à Clerselier ou au Père Lallemant, avait pour pendant celle que Santeul composa pour le cœur de Rohault.

D. O. M.

Aeternae memoriae Jacobi Rohault
Ambiani, celeberrimi quondam
Mathematici et philosophi
Cujus cor hic positum.
Discordes jamdudum aequis rationibus ambae
Et natura et Religio sibi bella movebant;
Tu rerum causas fidei et mysteria pandens,
Concilias utrasque et amico fœdere jungis.
Munere pro tanto, decus immortale sophorum,
Hoc memores posuere tibi venerabile bustum
Quos unum doctrina facit, compingit in unum
Doctaque Cartesii ossa hoc marmore corque Roalti,
Has tanti exuvias hominis, Lienardus ad aras
Appendit fidi officiis cumulatus amici.

Positum 1675.

Liste de quelques ouvrages à consulter.

Père DUBREUL, *Le théâtre des Antiquitez de Paris* (1612).
LE MAIRE, *Paris ancien et nouveau* (1685-1698).
Germain BRICE, *Description nouvelle de ce qu'il y a de plus remarquable dans la ville de Paris* (1684).
Le Père DU MOLINET, *Le Cabinet de la Bibliothèque Sainte-Geneviève* (1692).
Le Père DE LA MORINIÈRE, *Vie du cardinal de Larochefoucauld*
Les Pères FÉLIBIEN et LOBINEAU, *Histoire de la ville de Paris* (1725).
PIGANIOL DE LA FORCE, *Description historique de Paris et de ses environs* (1765).
L'abbé LEBEUF, *Histoire de la Ville et du Diocèse de Paris* (1754), édition Cocheris (1863).
JAILLOT, *Recherches sur la Ville de Paris* (1782).
SAUVAL, *Histoire et Recherches des Antiquités de la Ville de Paris* (1724).
MILLIN, *Antiquités nationales* (1790).

L'abbé FAUDET et DE MAS-LATRIE, *Notice historique sur la paroisse de Saint-Étienne du Mont* (1840).

A. DE BOUGY et PINÇON, *Histoire de la Bibliothèque Sainte-Geneviève* (1847).
QUICHERAT, *Histoire du Collège Sainte-Barbe* (1860).
Albert LENOIR, *Statistique monumentale de Paris* (3e série) (1867).
Alfred FRANKLIN, *Les anciennes bibliothèques de Paris* (t. I) (1867).
Victor CHAUVIN, *Histoire des Lycées et Collèges de Paris* (1866).
HOFFBAUER, *Paris à travers les âges* (1876).
DE GUILHERMY, *Itinéraire archéologique de Paris* (1861).

G. LAMOUROUX, *L'ancienne Bibliothèque Sainte-Geneviève*, extrait de l'*Almanach du Bibliophile* (1898).
Magasin Pittoresque, XXVe année (1857), pp. 178-182.
Ch.-Émile RUELLE, administrateur de la Bibliothèque Sainte-Geneviève, *Essai d'une Bibliographie de la Montagne Sainte-Geneviève et de ses abords*, 1903.
Bibliothèque nationale. Cabinet des Estampes. — *Topographie de la France*, Paris, Ve arrondissement, t. II.

LE CENTENAIRE

LE CENTENAIRE

L'Association amicale des anciens élèves du Lycée Henri IV, qui se propose de maintenir et d'aviver le culte du Lycée, avait le droit et le devoir de considérer le Centenaire de 1904 comme une occasion unique de glorifier cette illustre maison, de resserrer des liens qui, formés aux premières années de la vie, ressemblent à ceux de la famille. Elle avait, en même temps, à adresser un appel aux camarades dispersés, à réveiller le souvenir dans les âmes oublieuses, à rappeler aux enfants prodigues que le foyer commun leur reste toujours ouvert. Telle fut, depuis le début de l'année 1903, la préoccupation constante du Comité, en cela admirablement d'accord avec M. le Proviseur qui, depuis qu'il dirige le Lycée, n'a pas cessé de prendre à cœur les intérêts de l'Association, comme celle-ci prend à cœur les intérêts du Lycée.

Nous n'avons pas à entrer dans le détail de nos préparatifs, mais on nous croira sans peine, si nous disons que la fête grandiose dont il va être rendu compte ne ressembla que de loin aux premières ébauches qui en avaient été faites, et qu'il fallut une série de retouches successives pour arriver au succès définitif.

Nous désirions que le nom des plus illustres de nos camarades vivants planât au-dessus de cette fête, et nous eûmes la joie de recevoir la pleine adhésion de tous ceux dont nous avions sollicité le patronage, MM. Marcellin Berthelot, Georges Bonjean, Ernest Constans, George Duruy, Henry Léauté, G. Lippmann, Pierre Loti, Milliard, Victorien Sardou, de Verneuil.

Dès le 5 juin, élèves et anciens élèves, ainsi que le personnel du Lycée étaient informés de nos décisions par la circulaire suivante qu'une presse bienveillante voulut bien reproduire et même commenter, s'inspirant de sa sympathie pour les fêtes universitaires et saisie en outre par la grandeur des souvenirs qu'évoque notre maison.

Paris, le 5 juin 1904.

Mon cher camarade,

Le Centenaire du Lycée Henri IV sera célébré le *Dimanche 26 juin* au Lycée.

La fête débutera par l'inauguration, à 1 h. 1/2, d'une plaque commémorative, sous la présidence de M. Chaumié, ministre de l'Instruction publique et des Beaux-Arts, accompagné de M. le Vice-Recteur.

A cette solennité succédera une promenade — promenade historique, on peut le dire — dans toutes les parties du Lycée : chapelle, dortoirs, réfectoires, salles de classes ou d'études, cours et jardins, exceptionnellement ouverts, par la bonne grâce de M. le Proviseur, aux anciens élèves et à leurs familles.

Le programme comprendra en outre : Une séance musicale et littéraire, assez courte comme durée, mais d'un intérêt tout spécial, puisque les œuvres et les morceaux que joueront ou que réciteront les artistes de l'Opéra, de la Comédie-Française et de l'Opéra Comique seront tous dus aux plus populaires, aux plus illustres des anciens élèves du Lycée.

Une garden-party, avec musique militaire, sous les ombrages du jardin provisoral et dans la cour Feugère (appelée anciennement le Pré), où seront offerts aux enfants des jeux et des distractions variés.

C'est une fête d'été, et par conséquent une fête de plein air, que le Comité de l'Association a tenu à organiser ; cependant une vaste tente, dressée dans la cour dite du Cosmographe, offrirait, en cas de nécessité, son abri aux hôtes de la maison.

C'est une fête intime, dont le caractère est bien marqué par la date qu'elle consacre, par la composition de son programme, par le choix du lieu, le seul où elle puisse être convenablement célébrée. On ne s'étonnera donc pas qu'elle soit réservée exclusivement aux anciens élèves, aux élèves actuels, ainsi qu'aux familles des uns et des autres, et aux fonctionnaires du Lycée.

Cette lettre, mon cher camarade, servira de carte d'entrée pour vous et votre famille ; *mais le Comité vous prie instamment de ne vous en dessaisir en faveur d'aucune personne étrangère au Lycée.*

Nous vous serions particulièrement obligés de vouloir bien, par une simple carte postale, faire savoir au Secrétaire général (12, rue de Tournon) si, comme nous en avons l'espérance, vous êtes dans l'intention d'assister à notre fête.

Agréez, mon cher camarade, l'assurance de nos meilleurs sentiments.

LE COMITÉ DE L'ASSOCIATION.

Pour le Comité :
le Secrétaire général,
Marcel CHARLOT.

Ainsi annoncée, la journée du 26 juin 1904 a dépassé en éclat toutes les prévisions des invités et toutes les ambitions des organisateurs. Cérémonie officielle, promenade historique ou commémorative dans toute la maison libéralement ouverte à la curiosité de ses hôtes, audition musicale et littéraire, garden-party, kermesse, orchestres militaire et civil, pas une partie du programme qui n'ait été un succès ; et le spectacle le plus curieux, bien que la lettre de ce programme ne l'annonçât point, fut celui de cette foule si nombreuse, si variée et, en même temps, si unanime dans la manifestation d'un seul sentiment :

attachement mêlé d'orgueil à l'égard du Lycée. C'est que tous subissaient l'influence du lieu qui pouvait seul donner à la réunion son vrai caractère. C'est aussi que notre pensée avait été bien comprise et notre recommandation accueillie comme un mot d'ordre; pas un étranger, pas un indifférent, pas un curieux importun. Mais bien en a pris à Clovis d'avoir doté royalement Sainte-Geneviève et aux religieux de nous avoir transmis dans leur intégrité leurs vastes bâtiments et leur terrain du Mont Latin, car nous nous serions trouvés bien dépourvus, si, pour recevoir les légions de nos amis, nous n'avions eu que la maison de Socrate.

Ce n'était pas sans inquiétude que les organisateurs de cette journée la préparaient : une fête de plein air a toujours son aléa et, même au mois de juin, c'est jouer gros jeu que de tabler sur la complaisance des éléments et de regarder comme acquise l'indispensable collaboration du grand machiniste, le soleil. Il n'a pas manqué cependant de rehausser par son éclat le splendide décor de verdure que M. le Proviseur mettait à notre disposition, les tapis de gazon encadré de fleurs qu'il offrait aux pieds des visiteuses.

Dès une heure, la foule se pressait à la porte de la rue Clovis où des commissaires vigilants recevaient les invités et remettaient à chaque famille un programme et un numéro de Tombola. A deux heures précises, M. le ministre arrive accompagné de son fils. Il est reçu au parloir par M. Liard, vice-recteur, par M. Bertagne, proviseur et par le président de l'Association, M. Lafaye, qui, après lui avoir présenté les membres du Bureau et les anciens Présidents, le conduit dans la Cour d'honneur où ont été scellées, sur deux piliers se correspondant, les inscriptions suivantes gravées sur marbre rouge.

LE XXVI JUIN MCMIV	L'ÉCOLE CENTRALE DU PANTHÉON
Mr CHAUMIÉ	OUVERTE DANS CETTE MAISON
ÉTANT MINISTRE DE L'INSTRUCTION PUBLIQUE	LE 1er PRAIRIAL AN IV (20 MAI 1796)
Mr LIARD	A ÉTÉ TRANSFORMÉE EN LYCÉE
VICE-RECTEUR DE L'UNIVERSITÉ DE PARIS	LE 1er VENDÉMIAIRE AN XIII
Mr BERTAGNE PROVISEUR	(23 SEPTEMBRE 1804)
L'ASSOCIATION AMICALE DES ANCIENS ÉLÈVES	
A CÉLÉBRÉ	
LE PREMIER CENTENAIRE	
DU LYCÉE HENRI IV	LYCÉE NAPOLÉON, 1804-1815, 1849-1870
EN MÉMOIRE	COLLÈGE HENRI IV, 1815-1848
DE TOUS CEUX QUI PENDANT UN SIÈCLE	LYCÉE CORNEILLE, 1848, 1870-1872
L'ONT HONORÉ	LYCÉE HENRI IV 1873
PAR LEUR MÉRITE ET LEUR TRAVAIL	

Le cortège se rend à travers la cour des Grands dans la vaste tente qui va abriter le concert et qui déjà est trop petite pour contenir les invités dont le trop-plein se déverse dans les cours. Sur l'estrade avait tenu à prendre place, derrière les sièges réservés au ministre et à son escorte, le personnel ancien et actuel du Lycée.

On remarquait parmi eux : MM. François, censeur des études; l'abbé Bellon, aumônier; Filoz, surveillant général; Cumenges, économe; Chante, Cosneau, Poyard et Sœhnée, professeurs honoraires; Vallet, aumônier honoraire; Huard et Bourgonnier, professeurs de mathématiques; Massoulier et Greffe, professeurs de physique; Brunschvigg, professeur de philosophie; Dufayard, Lebugeur et Salomon, professeurs d'histoire; Chantavoine, Brunel, Pichon, Berr et Georgin, professeurs de rhétorique; Boudhors, professeur de seconde; Bouchard, professeur de troisième; Dussouchet, professeur de quatrième; Noël, professeur de cinquième; Radouant et Durry, professeurs de sixième; Cart, Schürr, Ascher et Karppe, professeurs d'allemand; Fiévet, professeur d'anglais; Roy et Gevrey, professeurs de septième; Peyrou et Birhans, préparateurs de physique.

Le secrétaire général, M. Marcel Charlot, qui avait à transmettre à l'auditoire les regrets des camarades absents, prononce ces quelques mots :

Monsieur le Ministre, Mesdames, Messieurs,

Si nombreuse que soit cette assistance, elle ne représente pas tous ceux qu'un lien de cœur attache à ce Lycée. De divers points de la France, et même de l'Europe, nous avons reçu des réponses où nos camarades éloignés nous expriment leurs regrets et nous assurent que leur pensée se reporte à cette heure vers leur cher Lycée.

Dans l'impossibilité de lire toutes ces lettres, nous regardons cependant comme un devoir de nous faire les interprètes du sentiment de camaraderie et de fidèle souvenir qu'elles expriment, afin qu'un courant de sympathie puisse s'établir entre les présents et les absents.

Nous remercions en particulier quatre de nos camarades de leur très affectueuse lettre de regrets. Deux d'entre eux sont à Constantinople, où l'un représente avec éclat notre diplomatie, c'est l'ambassadeur de France, M. Ernest Constans; l'autre, sur le navire qu'il commande, représente à la fois la marine et les lettres françaises, c'est Pierre Loti.

Le troisième, cent fois applaudi au théâtre, aurait été salué ici par des acclamations encore plus touchantes pour lui; mais son état de santé tient M. Victorien Sardou éloigné de cette fête.

Le quatrième, Messieurs, qui débutait dans la gloire au milieu du dernier siècle, et dont le monde entier a célébré récemment le cinquantenaire scientifique, a voulu, ne pouvant être des nôtres, rappeler par combien de liens il tenait à notre Lycée, et, suivant son expression, envoyer aux jeunes camarades le salut du vétéran.

Vous devinez, messieurs, quel est ce glorieux vétéran, et vous saluerez de vos applaudissements le nom de M. Marcellin Berthelot.

M. le ministre donne ensuite la parole à M. Lafaye, président de l'Association, qui, au milieu de la plus vive attention, prononce le discours suivant :

> Monsieur le Ministre,
> Mesdames, Messieurs,

Le Lycée Henri IV, autrefois Lycée Napoléon, achève la centième année de son existence ; c'est peut-être là un titre modeste aux yeux de ceux qu'impressionnent seules les longues généalogies enveloppées de mystère à leur début. Ceux-là sont difficiles ; on n'obtient jamais une place dans leur admiration qu'à l'ancienneté ; un siècle leur paraît peu de chose dans l'histoire des institutions, surtout dans l'histoire de l'Université de Paris, mère de toutes les autres. Certains lycées, voisins de celui-ci, ont des origines lointaines ; Saint-Louis remonte à 1270, Louis le Grand à 1563. Fallait-il commémorer avec pompe la naissance d'un établissement qui ne date que du premier Empire ? L'Association de ses anciens élèves s'en est fait un devoir, d'abord parce qu'il lui a semblé que l'âge n'était pas tout ; ce qu'elle célèbre aujourd'hui ce n'est pas seulement une date et un nom, mais trois générations de camarades, qui ont contribué, les uns par des talents supérieurs, les autres par le travail et des vertus solides, à la grandeur et à la prospérité de l'État. Cependant, pour ceux qui sont sensibles au prestige de la durée, il faut ajouter qu'en 1804 cet établissement fonctionnait déjà sous un autre nom depuis quelques années ; et même, à y regarder de près, il est en réalité l'héritier direct de très vieilles maisons, aujourd'hui disparues, dont les portes s'étaient ouvertes pour la première fois pendant le moyen âge. Vous n'attendez pas de moi que je retrace ici toute la suite de ses annales ; permettez-moi de rappeler brièvement ce qu'on sait de sa fondation.

Le 3 brumaire an IV (25 octobre 1795), la veille du jour où elle se sépara, la Convention avait promulgué la loi qui instituait dans toute la France les établissements d'enseignement secondaire appelés écoles centrales, parce qu'il devait y en avoir un au centre de chaque département, dans la ville qui en est le chef-lieu. A Paris on devait organiser cinq de ces écoles. Le 1er prairial an IV (20 mai 1796) deux seulement étaient prêtes à recevoir leurs élèves ; l'une s'était installée dans le

Palais Mazarin, là où est aujourd'hui l'Institut, à la place du Collège des Quatre-Nations, et elle en avait gardé le nom, tiré des nations de l'ancienne université de Paris. La seconde, dite École centrale du Panthéon, avait son siège ici même, dans le local de l'abbaye de Sainte-Geneviève, vacant depuis 1792. Une troisième fut inaugurée seulement un an plus tard, le 1er brumaire an VI (22 octobre 1797); ce fut l'École centrale de la rue Saint-Antoine, aujourd'hui Lycée Charlemagne. Par conséquent, si on ne remontait pas plus haut que la Révolution, notre lycée pourrait à bon droit revendiquer parmi ceux de Paris l'avantage de l'ancienneté; car l'école des Quatre-Nations a disparu; quant à Louis le Grand, il était devenu le Prytanée français; tandis que les écoles centrales ne recevaient que des externes, le Prytanée était une pension d'internes, tous boursiers de l'État; une bonne partie d'entre eux suivaient les classes du Panthéon. Les deux autres écoles, prévues par la loi de la Convention, ne furent jamais mises en activité tant que dura la république. Serait-il trop présomptueux d'intituler notre lycée le fils aîné de la Révolution?

La pensée de ceux qui lui assignèrent cette demeure est aisée à comprendre; préoccupés par le souci légitime de répartir également dans les différents quartiers de Paris les moyens d'instruction jusque-là concentrés dans le Quartier latin, ils créèrent les Écoles des Quatre-Nations et de la rue Saint-Antoine et ils songeaient même à en créer deux de plus sur la rive droite (1). Mais ils ne voulurent point découronner la Montagne Sainte-Geneviève; l'abbaye des Génovéfains leur offrait un local éminemment favorable pour l'application de leurs théories et de leurs projets sur la réforme de l'instruction publique : aucun autre dans toute la ville ne s'y prêtait aussi bien. Ils trouvaient ici, non seulement une admirable bibliothèque, mais un cabinet d'histoire naturelle et des instruments de physique, ressources précieuses pour l'enseignement des sciences, qui était dans le plan d'études des écoles centrales une des nouveautés auxquelles le gouvernement attachait le plus d'importance. Entre l'abbaye et Saint-Étienne du Mont, sur le terrain où passe aujourd'hui la rue Clovis, s'élevait la vieille église Sainte-Geneviève; là reposait la dépouille mortelle de Descartes; son tombeau était pour des gens de science un monument sacré; quel nom et quel exemple proposés à la vénération des jeunes gens que la volonté de la Convention réunissait entre ces murs! Enfin vous connaissez les cours spacieuses de l'établissement, ses beaux escaliers et ses salles si bien éclairées; vous connaissez le charme de ses ombrages; à l'époque de la

---

(1) Archives nationales F17, 1344, 30. Rapports sur les écoles centrales à organiser dans le prieuré de Saint-Martin des Champs et dans le couvent des capucins de la Chaussée d'Antin.

Révolution, les jardins s'étendaient encore plus loin, au midi du Panthéon, sur le terrain occupé actuellement par le réservoir des eaux de la ville. Le décor avait tout ce qu'il fallait pour séduire des réformateurs dont l'esprit était plein des justes sarcasmes lancés de tous côtés contre l'installation défectueuse des collèges de l'ancien régime. A deux pas, sur la place du Panthéon, là où vous voyez la bibliothèque Sainte-Geneviève, se dressait le collège de Montaigu, véritable type de ces édifices scolaires d'autrefois, condamnés par l'hygiène; Rabelais l'appelait « un collège de pouillerie... Trop mieulx sont traictez les forcez entre Maures et Tartares, les meurtriers en la prison criminelle, voire certes les chiens en vostre maison que ne sont ces malotruz audict colliége. Et si j'estoys roy de Paris le diable m'emporte si je ne mettroys le feu dedans et feroys brusler principal et régens, qui endurent ceste inhumanité devant leurs yeux estre exercée ». Ces imprécations contre la discipline de Montaigu n'étaient plus aussi méritées en 1789; mais le bâtiment subsistait toujours; la Révolution lui avait donné une destination nouvelle qui semblait tout indiquée : elle en avait fait une prison. Elle avait aussi fermé le collège de Navarre; quelques années après l'École Polytechnique y devait être transférée; elle y est encore. Fermés aussi sur la Montagne les collèges de La Marche, de Lisieux et des Grassins! Nul doute que l'École centrale du Panthéon n'eût été désignée pour recueillir la succession de ces maisons vénérables, fondées du XVIe au XVIe siècle. La Convention avait décrété qu' « il n'y aurait pas d'intervalle entre l'enseignement des collèges et celui des écoles centrales » (1). Quand les écoliers du quartier latin eurent évacué les sombres logis qui les avaient abrités jusqu'alors, c'est ici qu'ils se présentèrent; ils y retrouvèrent, pour les former par de nouvelles méthodes, entre des murailles moins resserrées et moins tristes, des maîtres qui leur étaient connus (2).

Messieurs, j'aurais plaisir, si j'étais certain que mon plaisir dût être aussi le vôtre, à évoquer devant vous les premiers professeurs de la maison. Celui d'entre eux qui s'appelle Cuvier n'a pas besoin que je vous fasse son portrait; son nom dit tout; ce fut lui qui inaugura ici l'enseignement de l'histoire naturelle. La chaire de physique et de chimie fut attribuée à Antoine Deparcieux, celle de mathématiques à Labey, celle de législation à Lenoir-Laroche, un futur pair de France, puis à Perreau, qui allait être un des rapporteurs du Code civil. Du côté des lettres je trouve Binet, un des derniers recteurs de l'ancienne Université, Mahérault, ex-professeur à Montaigu, Boisjolin, bientôt après membre du tribunat, Sélis, qui fut membre de l'Institut et suppléa Delille, son ami,

---

(1) Décret de la Convention du 11 ventôse an III (1ᵉʳ mars 1795).
(2) V. le discours de Fontanes cité plus loin.

dans la chaire de littérature latine au Collège de France. Ce qu'il y a de plus frappant chez ces littérateurs, c'est que ce sont presque tous des poètes; Mahérault, Boisjolin, Sélis ont beaucoup rimé dans leur vie; Deparcieux lui-même, avant d'enseigner la physique, avait écrit quatre tragédies (1). Leurs vers ne valent pas ceux que vous allez entendre tout à l'heure de la bouche d'un de leurs successeurs; ils ne valent pas non plus *la Jeune captive*. Mais ces honnêtes gens, qui « sacrifiaient aux Muses, aux Grâces » et à je ne sais combien d'autres divinités aimables, ont aussi fréquenté les Titans; ce contraste entre leur vie et leur œuvre ne lassera jamais notre curiosité. Sélis, qui dans sa jeunesse avait collaboré à l'*Almanach des Muses*, avait cessé depuis la Révolution de chanter Églé ou Cloris et s'était tourné vers des sujets plus graves. Boisjolin célébrait les grands événements publics; sous l'Empire, il devint sous-préfet et le resta pendant trente ans; un de ses biographes l'appelle le doyen des sous-préfets; il est aussi, et pour toujours, le doyen des sous-préfets qui font des vers.

Le 1er prairial an IV (20 mai 1796), une foule nombreuse de jeunes garçons accompagnés de leurs parents se pressait dans la cour du Palais Mazarin, à la porte du collège des Quatre-Nations; des affiches avaient annoncé que ce jour-là aurait lieu l'ouverture solennelle des deux Écoles centrales de Paris. Solennelle, elle le fut fort peu, trop peu même au gré de l'assistance. Les élèves et leurs familles avaient espéré être reçus dans l'ancienne église, où se tiennent aujourd'hui les séances publiques de l'Académie française. Ils furent introduits en tumulte dans une petite salle basse, dont le plafond était soutenu par deux potences. Le président du département lut un discours, qui fut généralement apprécié; après lui parlèrent Garat et Fontanes (2). Les cours commencèrent quelques jours plus tard au Panthéon. Il n'y eut pas de distribution des prix au mois d'août suivant. On se dédommagea à la rentrée, le 1er brumaire de l'an V (22 octobre 1796), en conviant les familles à une séance nouvelle, entourée, cette fois, de toute la pompe qu'elles avaient regrettée dans la première, et cette séance, qui fut la véritable inauguration, eut lieu à l'abbaye de Sainte-Geneviève, dans la salle appelée salle des Papes, parce qu'elle était autrefois entourée de leurs portraits (3). On vit là les membres de l'institut, le jury de l'instruction publique, les professeurs des deux écoles et des députations de tous les corps administratifs. Lecture fut donnée de la loi de la

---

(1) Ern. Durand, *Notice biographique sur Ant. Deparcieux*, Alais, 1904, p. 119.
(2) *La Décade philosophique* du 10 prairial an IV (29 mai 1796), n° 76, p. 425.
(3) *Écoles centrales du département de la Seine. Procès-verbal de la rentrée des Écoles centrales du premier brumaire an 5e de la République française*. A Paris, de l'imprimerie du Cercle social. An V de la République française (Biblioth. Nat., 8°, R 40).

Convention et des règlements relatifs aux Écoles centrales; puis on entendit quatre discours. Deparcieux et Lenoir-Laroche parlèrent l'un sur les sciences physiques, l'autre sur le droit. Le discours de Joubert, administrateur du département, et celui de Fontanes offrent plus d'intérêt pour l'histoire de notre enseignement. Fontanes, après avoir salué la mémoire de Descartes, s'efforça de rendre visible le lien qui, en dépit de la réforme, rattachait les écoles centrales aux collèges à peine fermés; c'était une apologie du passé, très franche du reste; dès le jour de l'inauguration de ces établissements nouveaux, elle pouvait en faire prévoir la ruine prochaine; leur sort était lié à celui de la république, fort menacée à ce moment-là. Un des principaux artisans de leur suppression allait être à bref délai l'orateur lui-même, Fontanes, professeur aux Quatre-Nations.

Les écoles centrales de la Convention, Messieurs, ont, depuis ce temps, donné matière à une très vive polémique; elle n'est au fond qu'une phase de la querelle des anciens et des modernes, qui peut-être n'est elle-même que la querelle des lettres et des sciences. Ce qui paraît vrai c'est que la répartition des matières et l'ordre dans lequel on les enseignait laissaient beaucoup à désirer; les études littéraires étaient trop sacrifiées, et enfin, en supprimant l'internat d'un seul coup, on avait rompu trop brusquement avec des habitudes séculaires, qui étaient, et qui sont encore pour un grand nombre de familles, une nécessité. Mais l'expérience n'a pas été perdue; les écoles centrales ont familiarisé le public avec quelques idées justes et montré que l'application en était possible. Certaines théories pédagogiques qui périrent avec elles ont été reprises depuis et méritaient, en effet, un nouvel examen. Une autre partie de leur programme a échappé à la condamnation qui a fini par les frapper; elle a passé immédiatement, sans soulever aucune protestation, dans l'enseignement des lycées et l'on n'imagine même pas qu'elle puisse en être écartée. Saluons donc l'École centrale du Panthéon; elle fut pendant huit années sur la Montagne Sainte-Geneviève le centre des études, comme celles des départements l'étaient au chef-lieu. La tour Clovis servit alors, dans ce quartier, de signal de ralliement à la jeunesse élevée pour les carrières libérales.

Les lois publiées sous le Consulat remplacèrent dans toute la France les écoles centrales par des lycées; à la fin de 1803 toutes les dispositions législatives, nécessaires à leur organisation, avaient été arrêtées et promulguées (1) : c'est le centième anniversaire de cette date que le Ministère de l'instruction publique a célébré en 1903. Mais quelques mois se passèrent encore avant que les lois pussent être appliquées; à

(1) Lois du 11 floréal an X (1ᵉʳ mai 1802) et du 23 fructidor an XI (10 septembre 1803). Arrêtés consulaires des 10 décembre 1802, 10 juin et 7 novembre 1803.

82 LE CENTENAIRE.

la distribution des prix du 29 juillet 1804, l'École centrale du Panthéon n'avait pas encore changé de nom ; elle ne devint le lycée Napoléon que le 23 septembre. Nous avons donc devancé un peu le terme du centenaire ; sinon il nous aurait fallu, pour être en règle avec l'histoire, célébrer cette solennité pendant les vacances. Le personnel enseignant que l'on réunit sous l'habile direction du premier proviseur, Augustin de Wailly, était deux fois plus nombreux que celui de l'École centrale ; parmi ses professeurs on n'avait conservé que le chimiste Bouillon-Lagrange, qui avait succédé à Cuvier, et le mathématicien Labey, ancien maître de Bonaparte à l'École militaire. On leur avait donné cependant des collaborateurs dignes d'eux, par exemple Guéroult le jeune, ancien professeur des Grassins, dont le frère dirigea l'École Normale de 1808. Les élèves arrivèrent en foule et quelques années plus tard, en 1810, Augustin de Wailly pouvait écrire avec orgueil dans un rapport adressé au Grand-Maître de l'Université : « Le Lycée Napoléon est en ce moment la maison la plus nombreuse de l'Empire, soit en pensionnaires, soit en externes (1). » Ainsi tout lui présageait une heureuse carrière.

Ce qu'il a été depuis, Messieurs, vous le savez assez : les jeunes l'ont appris de leurs aînés et tout ici vous le rappelle. Voilà pourquoi nous avons voulu que notre fête eût lieu entre ces murs vénérables. Il me souvient que, quand nous étions sur les bancs, nous étions très fiers de nos grands hommes ; plutôt que de n'en pas avoir, nous en aurions inventé. Je me suis aperçu depuis qu'en effet nous en avions inventé quelques-uns ; ils n'étaient pas d'une bonne étoffe ; ils n'ont pas duré. Mais il y a aussi ceux dont le temps a consacré la gloire. Lisez les inscriptions tracées au parloir et sur les portes des cours ; voyez les bustes qui décorent l'atrium, et devant vous revivront les bons génies du lieu. Pas tous cependant ; car il en manque certes beaucoup pour que la galerie soit au complet. Puis vous jetterez un coup d'œil sur la liste de notre comité de patronage ; elle vous dira que parmi les vivants aussi nous avons des patrons qui valent bien les morts. Un des reproches qu'on adresse quelquefois à l'enseignement universitaire, quand on le connaît mal, c'est qu'en pliant tous les esprits à une discipline uniforme, il en comprime l'originalité. Les hommes illustres dont s'enorgueillit le Lycée Henri IV répondent à cette critique par leur vie et par leurs œuvres. Quelle variété dans leurs vocations ! Lequel d'entre eux s'est jamais plaint que ses maîtres eussent étouffé ses dons naturels ? Voici des poètes et des

---

(1) Archives nationales F^{27} 3121. De Wailly ajoute : « Il comptait dans le courant de la dernière année classique plus de neuf cents élèves et tout annonce que ce nombre va encore augmenter. » En effet, il monta à onze cents élèves en 1811 (*ibid.*). En 1800 l'École centrale en avait eu 304 et elle n'avait jamais dépassé ce chiffre. *Ibid.* F^{17} 1344, 30.

auteurs dramatiques, Casimir Delavigne, Musset, Scribe, Émile Augier, Jules Barbier. Voici des historiens et des critiques, J. J. Ampère, le duc d'Aumale, Saint-Marc Girardin, et un conteur exquis, Mérimée. Ici ont reçu leurs premières leçons des savants tels qu'Adrien de Jussieu, Paul Thénard, Élie de Beaumont, et des politiques tels qu'Odilon Barrot, de Montalivet, de Salvandy, de Rémusat. Il y a, parmi les anciens élèves de cette maison, des hommes d'étude, dont plusieurs sont devenus à leur tour des professeurs éminents, Naudet, Victor Leclerc, Patin, Charles Lenormant. Mais il y a aussi des hommes d'action, dont le lycée, que je sache, n'a point refroidi le sang généreux et les belles hardiesses; rappelez-vous Ferdinand de Lesseps et l'explorateur Crampel, mort glorieusement en pleine barbarie. Chacun de ceux-là a conservé, pour la plus grande joie de ses maîtres, son individualité propre; ceux mêmes qui ont été confrères ne se ressemblent pas entre eux; le pinceau d'Henri Regnault n'est pas celui de Puvis de Chavannes. Convenons aussi, pour rester dans la vérité, qu'aucun établissement d'instruction n'a jamais pu, à lui tout seul, former un homme, à plus forte raison un grand homme; il y faut encore au moins trois éléments : la nature, la famille et la vie. Mais quand le collège n'aurait formé que le quart d'un Musset, ou mieux, quand il n'aurait que favorisé l'harmonieux développement de ses rares facultés, ce serait déjà un assez beau titre de gloire et une raison très suffisante de la fête d'aujourd'hui. Puis, derrière les célébrités, il y a l'armée des travailleurs patients, des hommes éclairés et utiles, de tous ceux qui, sans avoir rien créé dans le domaine des arts ou de la science, ont fait profiter la société de leurs talents modestes et de leur salutaire exemple. C'est surtout en vue de ceux-là que le lycée a été institué; c'est sur eux peut-être qu'il a laissé l'empreinte la plus profonde. Nous aurons aussi une pensée pour les malheureux, pour ceux qui disent d'eux-mêmes qu'ils n'ont pas eu de chance; le monde en parle autrement, et souvent le monde a tort : sait-on toujours d'où vient le grain de sable qui s'insinue dans les ressorts d'une existence humaine et qui les fausse sans remède?

Peu de temps après qu'on eut achevé la construction du Panthéon, en 1795, des tassements inquiétants s'étaient produits dans les piliers qui supportent le dôme; il ne manquait pas d'esprits chagrins ou malveillants pour en prédire la ruine. A peine les Écoles centrales étaient-elles fondées qu'elles étaient l'objet des mêmes pronostics. A la distribution des prix de 1797 le professeur Sélis s'écriait avec l'accent du triomphe : « Nos écoles, dont une a pris son nom du Panthéon, semblables à ce solide et majestueux édifice si souvent et si vainement menacé d'une ruine prochaine, sont encore debout (1). » Il se pressait un

(1) *Recueil des discours prononcés le 1er brumaire an VI à l'ouverture de l'É-*

peu trop; sept ans plus tard les Écoles centrales avaient disparu. Mais ce cri, que le bon latiniste Sélis poussait prématurément, je puis avec pleine raison, à travers un siècle d'intervalle, lui en renvoyer l'écho. Le lycée Henri IV, où l'École centrale a, malgré tout, laissé sa trace et son esprit, le lycée Henri IV, comme le Panthéon, est encore debout, aussi solide que jamais. Cet établissement comptait neuf professeurs en 1796, vingt en 1804; il en a aujourd'hui quarante-huit. Avec dix autres lycées ou collèges, il continue à remplir vaillamment sa tâche au milieu de la grande ville. Certaines familles (j'en pourrais citer) lui sont restées fidèles au point que leur nom y a été représenté de père en fils par trois générations successives. Notre Association a des membres en Asie, en Afrique et en Amérique, sans compter M. Pierre Loti, qui est partout. En mémoire du cycle que nous fermons aujourd'hui elle a fait graver une inscription dans la cour d'honneur, où chacun de vous est invité à l'aller voir (1). Puisse pendant cent nouvelles années une vie toujours plus intense animer les vieux bâtiments du Lycée Henri IV sous les regards satisfaits des grands ancêtres!

Après M. Lafaye, M. Chantavoine lit cette pièce de vers qu'il a spécialement composée pour la fête.

LE LYCÉE HENRI IV.

Domus omnibus una.

Comme on voit l'hirondelle, aussitôt qu'elle arrive,
Fidèle au souvenir, de saison en saison,
Voler autour des murs de la même maison
Et suspendre son nid à la même solive,

L'âme des anciens jours sur le bord des vieux toits
Chante encore : elle sait l'histoire des années
Et raconte, en mêlant leurs brèves destinées,
Aux hommes d'aujourd'hui les hommes d'autrefois.

* *
*

Notre vieille maison est déjà centenaire.
Cent ans!... L'aube du siècle était rouge de sang;
L'Homme au petit chapeau, César éblouissant,
Sur l'Europe ébranlée agitait son tonnerre.

Dans le cloître paisible où des moines pieux,
Les mains jointes, les yeux pleins d'extase et de rêve,
Faisaient leur oraison à sainte Geneviève,
Couraient, soldats futurs, des enfants belliqueux.

cole centrale de la rue Antoine, par les citoyens Joubert, Sélis, Costaz. De l'imprimerie de Ballard, imp. du département, rue des Mathurins, p. 15.
(1) Voir page 75.

LE CENTENAIRE.

Le tambour excitait cette jeunesse ardente;
Le dieu Mars, l'Empereur et Roi, Napoléon,
Exaltait ces conscrits en leur donnant son nom;
Ils avaient sous les yeux l'Iliade vivante.....

Les lauriers sont coupés, hélas! et Waterloo
Jette son crêpe noir sur la France meurtrie;
La jeunesse ressent le deuil de la patrie.
Des bouches de quinze ans s'échappe un long sanglot!

La plainte en retentit dans les *Messéniennes :*
Un des nôtres, poète encore adolescent,
Casimir Delavigne, exprime en frémissant
L'âme de son pays, sa colère et ses haines.

* * *

Silence! un rossignol est né dans la maison,
Et les vers les plus beaux qu'un siècle puisse entendre,
Le poème d'amour, le plus cruel et tendre,
La plus mélancolique et divine chanson,

C'est notre cher Musset qui viendra nous les dire.
Le rire de Mardoche ou le cri de Rolla
Accompagnent toujours le luth de celui-là;
En l'écoutant, la nuit palpitante soupire.

Son buste est là, son âme aussi... J'entends causer
Tout bas la Nuit d'octobre et la Nuit de décembre :
Un écolier pensif pleure dans une chambre;
Sa muse le console et lui donne un baiser...

Émile Augier, Henri d'Orléans duc d'Aumale...
On glanerait sans fin dans notre Livre d'Or
Parmi ceux que ces murs se souviennent encor
D'avoir entendus rire et jouer à la balle...

* * *

Laissons ce palmarès à la fête des Prix.
Notre illustre maison n'aurait, pour être fière,
Qu'à réciter ainsi sur un vieil annuaire
Le chapelet des noms l'un près de l'autre écrits.

Mais ce qu'il faut louer, dans le jour où nous sommes,
C'est notre Maison même et son juste renom
D'atelier de travail où le travail est bon,
De grange aux beaux épis et de fabrique d'hommes.

L'air est pur qu'on respire ici sur la hauteur,
Salubre et fort : on vit dans un flot de lumière;
De printemps en printemps la sève coutumière
Rajeunit le vieil arbre et lui refait un cœur.

Les générations se suivent, fraternelles ;
Le culte entretenu des lares familiers
Attache à l'ancien nid de nouveaux écoliers
Et l'essor recommence avec de jeunes ailes.

Regardez : ce collège est-il une prison,
Une geôle, une cage obscure et retirée?
Non! Dès le seuil joyeux de la porte d'entrée,
Un jardinet fleuri parfume la maison.

La maison elle-même est une pépinière.
Ton feuillage, ô jeunesse! y frissonne en plein vent ;
Tes rameaux sont tournés vers le soleil levant
Et ta racine boit la vie en bonne terre.

Notre grand Berthelot en a l'échantillon.
Allez l'interroger auprès de ses cornues :
Il vous expliquera les sèves inconnues
Qui courent dans le sol autour du Panthéon.

C'est le sol généreux des terrains de montagne :
Notre chère maison est comme un beau verger,
Qui reçoit tour à tour et mêle sans danger
L'effluve de Paris et l'air de la campagne.

On y travaille bien : on aime son pays,
Le cher passé, le ciel natal, la douce France.
Ou comme un souvenir, ou comme une espérance,
L'âme d'Henri Regnault parle aux murs recueillis ;

Elle nous dit : « Aimez la maison maternelle!
« Écoliers d'Henri-Quatre et de Napoléon,
« Regardez mon image et retenez mon nom!
« Aimez la France aussi : moi, je suis mort pour elle! »

Maison, que nous aimons chaque jour un peu plus,
Je n'ai pas entrepris de t'écrire un poème ;
Pour célébrer ta gloire il suffit de toi-même,
Et tu peux oublier ces vers que je t'ai lus.

J'ai voulu seulement, nid de notre jeunesse,
Fêter ton centenaire au nom de mes amis,
En t'apportant pour eux, comme ils me l'ont permis,
Des mots de gratitude et des fleurs de tendresse.

Grave et éloquent historien du Lycée, M. Lafaye avait compris la nécessité d'en démêler les origines et pris à tâche de décerner les honneurs d'une commémoration spéciale aux premiers professeurs de la maison, aux fondateurs des chaires où leur ont succédé tant de maîtres qui ignoraient jusqu'aux noms de leurs plus anciens devanciers. Les pages que M. Lafaye a consacrées à les tirer d'un injuste oubli sont des actes de légitime réparation ; fruit de patientes recherches dans les cartons des Archives nationales, elles ont tout le prix d'une histoire inédite et, avec le souvenir du Centenaire, elles resteront un monument durable du passage de leur auteur à la Présidence de l'Association.

Un souffle d'enthousiasme courut dans l'auditoire lorsque M. Chantavoine, d'une voix vibrante d'émotion, lui jeta ses strophes débordantes de tendresse et superbes de fierté pour le Lycée, auquel il a fait lui-même tant d'honneur comme élève et comme professeur. Poète vraiment inspiré, ce qui est si rare dans des vers de circonstance, il a mis les cœurs en harmonie avec le sien.

Voici enfin l'allocution par laquelle M. le ministre de l'Instruction Publique a clos la série des discours; parlant comme chef de l'Université, M. le ministre avait tenu aussi à représenter, en qualité de père de famille, tous les pères dont les fils ont eu les siens pour camarades. La présence de Mme Chaumié accentuait encore cette exquise intention et l'assistance, profondément touchée, a souligné d'un sourire et salué par des applaudissements prolongés la profession de foi béarnaise du ministre républicain, aux yeux de qui le nom d'Henri IV a été pour le Lycée un titre aux préférences du père.

ALLOCUTION DE M. CHAUMIÉ,
Ministre de l'Instruction publique.

C'est à mon tour de parler, et voilà que je suis tout ému; tout ému des paroles vibrantes que vous venez d'entendre, des souvenirs évoqués et des pensées éveillées.

Ce n'est pas seulement la fête du Lycée que nous célébrons aujourd'hui; c'est, comme vous l'avez dit, poète, la fête du souvenir et la fête de l'espérance. C'est aussi pour tous la fête de la jeunesse, car lorsque les anciens élèves se réunissent et qu'ils songent à ce Lycée, ils oublient pour un instant et les soucis de la vie et le poids de l'âge. Une seule vision passe devant leurs yeux, c'est la vision ensoleillée de l'heure où la vie s'ouvrait devant eux, au milieu de ces murs qu'ils ont trouvés jadis si sombres, et qui, pour eux, rayonnent aujourd'hui.

N'est-ce pas? il semble qu'un souffle de jeunesse passe sur nous tous. Dans ce passé, ce que nous cherchons surtout, c'est l'exemple et le réconfort qu'y pourront puiser ceux qui montent derrière nous et en qui nous voulons affirmer notre espérance.

Ce qui nous émeut plus particulièrement encore, c'est le passé du Lycée qui, à chaque instant, évoque les phases de l'histoire de notre pays, de ce pays qui fut parfois troublé, mais qui compta, au milieu de ses heures de joie et de ses heures de tristesse, tant d'heures de gloire! Tel qu'il est, nous l'aimons et nous en sommes fiers et pas un de nous ne voudrait — ce serait un sacrilège! — effacer une page de notre histoire. (*Applaudissements.*)

Ce m'a été une joie particulièrement douce que d'être invité à présider une pareille fête. Je suis venu de loin, mais la maison ne m'est pas étrangère; j'ai confié mes fils à ses maîtres, j'y tiens par les liens qui vous touchent le plus profondément au cœur. Les souvenirs que vous évoquez, ils sont un peu miens, miennes aussi vos espérances.

Et puis, laissez-moi vous l'avouer, notre Lycée a encore pour moi

un attrait; Henri IV, votre grand patron, est mon compatriote. J'imagine que vous vous êtes souvenus de lui quand vous avez choisi, pour la fête, la date d'aujourd'hui; quelque brûlants que vous ayez risqué de trouver les rayons du soleil, vous avez pensé que le grand gascon n'eût pas aimé voir la fête du Lycée qui porte son nom tout embuée des brumes de l'automne.

Merci donc de m'avoir associé à cette solennité, où les anciens qui sont venus et les jeunes qu'attend la vie, ont senti passer sur eux le même souffle généreux, et, en dépit des tristesses et des misères, ont communié dans cette foi en l'idéal, force suprême de notre beau pays de France. » (*Vifs applaudissements.*)

Les discours étant terminés, l'estrade officielle s'est transformée en scène lyrique et dramatique, et des milliers de bravos ont successi-

26 Juin 1904 **Centenaire du Lycée Henry IV** 26 Juin 1904

COMITÉ DE PATRONAGE : Marcellin BERTHELOT, Georges BONJEAN, Ernest CONSTANS, Georges DURUY, Henry LÉAUTÉ, G. LIPPMANN, Pierre LOTI, Victorien SARDOU, de VERNEUIL.

CÉRÉMONIE D'INAUGURATION D'UNE PLAQUE COMMÉMORATIVE, sous la présidence de M. CHAUMIÉ, Ministre de l'Instruction publique

Allocution du Ministre. Discours de M. LAFAYE, Président de l'Association des Anciens Élèves du Lycée.
A propos en vers de M. Henri CHANTAVOINE, ancien élève du Lycée, dit par l'auteur

FLTI donné avec le gracieux concours de Mlles FEART de l'Opéra, Mmes DELVAIR et ROCH de la Comédie-Française, Mlle CORTEZ de l'Opéra-Comique, SYLVIE de l'Odéon
et de MM. ENGEL et BAER de l'Opéra, SILVAIN, TRUFFIER, LAUGIER et GARRY de la Comédie-Française, SÉVERIN de l'Odéon

A 2 heures précises

1°	*Orchestre.*	
2°	A. *Poésie*	ÉMILE AUGIER.
	B. *Poésie*	X. (Ancien élève du lycée)
	par M. TRUFFIER.	
3°	*Lucie*, poésie	ALFRED DE MUSSET.
	par M. ROCH.	(Ancien élève du lycée)
4°	*Scène de Louis XI*	CASIMIR DELAVIGNE.
	par M. SILVAIN.	(Ancien élève du lycée).
5°	A. *Air de la Vivandière* . . .	BENJAMIN GODARD.
	B. *Air de Mignon*	AMBROISE THOMAS.
	Paroles de J. Barbier (Ancien élève du lycée)	
	par Mlle CORTEZ	
6°	*Une bonne fortune*	ALFRED DE MUSSET.
	par M. LAUGIER (Ancien élève du lycée)	
7°	*Air d'Opéra*, par M. BAER.	X.
8°	*Poésie*, par Mlle SILVAIN.	X.
9°	*Orchestre*.	
10°	A. *Romance de Dmitri*. . . .	V. JONCIÈRES.
		(Ancien élève du lycée)
	B. *Me ?* Paroles de Jules-Barbier,	GOUNOD.
	par Mlle IGEL (Ancien élève du lycée)	
11°	A. *Les Papillons*	JEAN RICHEPIN.
		(Ancien élève du lycée).
	B. *Fable*, par Mlle SYLVIE.	X.
12°	*Monologue*, par M. SÉVERIN.	HALÉVY.
13°	*Air de la Juive*,	
	Paroles de Scribe (Ancien élève du lycée),	
	par Mlle FEART.	
14°	*La Nuit d'octobre*,	ALFRED DE MUSSET.
	par Mlle DELVAIR et M. GARRY	
	(Ancien élève du lycée).	

L'orchestre sera dirigé par M. BEAUDOIN des Concerts Colonne.

A 4 heures

VISITE DU LYCÉE

Garden-Party dans le Jardin de M. le Proviseur, la cour Feugère et le Petit Collège

JEUX et DISTRACTIONS DIVERSES

Prestidigitation, Théâtre de Marionnettes, Courses en sacs, etc.

Vers 5 heures et demie

TIRAGE D'UNE TOMBOLA

Dont les billets seront été distribués gratuitement, à l'entrée, à raison d'un par lettre d'invitation
LOTS DE LA TOMBOLA

1° ŒUVRES D'AUGIER et MUSSET, ancien élève du lycée (Édition Lemerre, reliées).
2° ŒUVRES de MÉRIMÉE, ancien élève du lycée (reliées).
3° HOMÈRE par PUVIS de CHAVANNES, ancien élève du lycée (Fresque de la bibliothèque de Boston).
4° VIRGILE (même auteur), fresque de la bibliothèque de Boston.
5° SAINTE-GENEVIÈVE (même auteur), fresque du Panthéon.
6° ŒUVRES d'ÉMILE AUGIER, reliées.
7° ŒUVRES de CASIMIR DELAVIGNE, reliées.

Les lots qui n'auront pas été réclamés à l'appel des numéros gagnants, seront tenus immédiatement en loterie

TROIS BUFFETS SERONT DRESSÉS :

l'un dans la Cour Feugère, le second au Petit Collège, le troisième dans le réfectoire situé entre la Cour des classes et la Cour d'honneur

Le tarif, très réduit, sera affiché

Un Vestiaire gratuit sera installé dans le réfectoire des morts (pour couverts)

La Musique du 104e Régiment de ligne prêtera son concours à la Fête vement éclaté pendant l'exécution du programme que nous reproduisons ci-contre.

*
* *

Ce qu'il a coûté de peine à établir, ce qu'il a nécessité de démarches, même alors que, déjà imprimé, on pouvait le croire définitif, l'indécourageable camarade Gauné pourrait en faire l'objet d'une relation qui occuperait plus de pages que ce compte rendu. Le succès est dû à un tour de force qui lui crée, encore une fois, des droits à une reconnaissance sans mesure. Grâce à lui, une brillante pléiade d'artistes est

venue, en dépit de tous les empêchements, apporter l'hommage des talents les plus variés au berceau des Casimir Delavigne, des Scribe, des Émile Augier, des Alfred de Musset. Ils se sentirent à la source même de l'inspiration. Mlle Roch soupira des vers « *doux comme sa voix* » là où Musset, à quinze ans, rêva de Lucie. C'est en face de la « *salle solitaire* » où, enfant « *vêtu de noir* », il venait bercer sa mélancolie, que Mlle Delvair et M. Garry ont, muse et poète, dit la *Nuit d'Octobre*, avec une passion profonde. Jules Barbier, naguère encore l'hôte assidu de la maison, eût été fier et heureux de s'entendre interpréter par la voix si merveilleusement conduite du camarade Engel, qui, non content de nous apporter son précieux concours personnel, nous permit d'applaudir, en la personne de Mlle Bathory, une des cantatrices et des musiciennes les plus consommées qu'il nous ait été donné d'entendre dans nos fêtes. Mlle Sylvie a su exprimer toute la poésie contenue dans cette délicieuse fantaisie de Richepin : *les Papillons*. M. Silvain, à qui la tragédie de *Louis XI* a valu à la Comédie française un de ses plus éclatants triomphes, en a interprété, avec le remarquable concours de M. Maxudian, une scène émouvante, au milieu du saisissement général. Mlle Cécile Aubres, habituée de nos concerts annuels, s'est encore surpassée, ce jour-là. Enfin, notre camarade Martinet, dont le concours

était inespéré, a fait chaleureusement applaudir son beau talent de chanteur.

Après le concert, la foule s'est répandue dans toute la maison, où les grilles étaient largement ouvertes, et levées les consignes des gardiens; aux visiteurs s'offraient les surprises d'une promenade archéologique à travers les quinze siècles du passé monacal; s'ils n'étaient curieux que de souvenirs récents et personnels, ils avaient la satisfaction de faire un retour vers leur vie de collégiens, de retrouver et de montrer leur couchette d'écolier, leur banc dans les classes, peut-être de relire le nom gravé sur quelque table par un ambitieux, jaloux de passer prématurément à la postérité.

Que d'yeux, aveugles jusque-là, se trouvèrent inopinément dessillés! Le Lycée, que, dans l'insouciance du jeune âge, on n'avait pas su voir tel qu'il est, se révélait tout à coup et l'on croyait presque parcourir pour la première fois sa chapelle, ses cuisines gothiques, ses escaliers monumentaux, ses galeries tant admirées, alors qu'elles étaient, non des dortoirs, mais une célèbre bibliothèque. La tour de Clovis surtout exerçait une irrésistible attraction; elle qui d'ordinaire garde impitoyablement ses secrets, se laissait complaisamment envahir; sa plateforme se couronnait de spectateurs sondant l'horizon, ou contemplant la foule qui fourmillait au-dessous d'eux; hôtes privilégiés du vieux

donjon, les pigeons n'avaient jamais vu pareil assaut livré à leur demeure aérienne. De jeunes audacieux, sans souci du vertige, allèrent, pour signaler leur prise de possession, jusqu'à planter sur le créneau du dernier étage un drapeau tricolore qui se mit à flotter sur le vide.

Le reste de la journée s'est passé dans les cours et les jardins.

Ce fut surtout l'heure des rencontres espérées ou imprévues; un trait du visage subitement reconnu, l'accent retrouvé d'une voix jadis familière, l'expression d'un regard, un rien, provoqua plus d'un geste de joyeuse surprise, des échanges de souvenirs, qu'interrompait seule une rencontre nouvelle. Les professeurs se voyaient particulièrement fêtés par les élèves, dont les générations, s'échelonnant dans leur carrière, leur avaient tour à tour, par leur arrivée ou leur départ, apporté les joies du renouveau ou les mélancolies de l'arrière-saison.

Chaque département du Lycée avait ses attractions ; la plus goûtée des jeunes garçons et des fillettes fut le guignol du petit Collège, dont les pupazzi exécutaient leur répertoire devant un parterre à moitié debout, à moitié assis sur les bancs, ou, à défaut de bancs, sur le sable. Grâce à un élève, photographe amateur qui a bien voulu nous faire don de ses clichés, l'image de cette pittoresque représentation et de quelques autres scènes ne sera pas perdue

Cependant la kermesse battait son plein dans la cour Feugère, où, sans parler des buffets très assiégés, le prestidigitateur avait à satisfaire un nombreux public, qui avait préféré aux émotions dramatiques les surprises de la physique amusante. Un peu plus loin, le sport classique des fêtes villageoises, la course en sac, était l'un des numéros les plus applaudis de la fête. Les champions, divisés en pelotons d'après leur performance, s'alignèrent successivement sous les yeux de M. le Proviseur, qui destinait un prix à chacun des vainqueurs. Les spectateurs, formant la haie, suivaient les péripéties de la lutte avec un intérêt complètement étranger aux émotions du pari mutuel, mais tout aussi passionné.

Quant à la farandole, improvisée en dehors du programme, pendant la griserie de la dernière heure, il est bien inutile d'en dire qu elle n'a pas péché par le manque d'élan. Il a cependant suffi, pour en arrêter le tourbillon, d'un roulement du tambour qui allait être l'orchestre de la Tombola. Aux lots annoncés dans le programme, le camarade Gumery, à qui nous devions déjà les illustrations de ce programme, avait ajouté, comme charmante surprise, et pour que sa part de contribution fût double, un tableau très vivement convoité. Le camarade Lafaye, avec tous les membres du Bureau pour assesseurs, présida au

tirage au sort, et le camarade André Fallières voulut bien accepter le rôle du héraut antique, pour que la proclamation des numéros sortants fût faite par une voix capable d'arriver à toutes les oreilles; car, d'après le règlement, tout gagnant qui faisait défaut à l'appel de son numéro était considéré comme ayant renoncé à ses chances, et le lot était l'objet d'un nouveau tirage, au grand contentement de ceux qui attendaient de la fortune une jolie édition de C. Delavigne, de Musset, d'Ém. Augier, de Mérimée ou une précieuse photographie d'après Puvis de Chavannes.

A ces illustres morts furent dues les dernières émotions de cette journée, où le Lycée, revivant les cent années écoulées depuis sa fondation, a recueilli ses souvenirs de famille, produit ses titres de noblesse, afin qu'à la suite de cette fête mémorable il apparût aux yeux de ses enfants encore plus digne de respect et plus digne d'affection.

Ce compte rendu présenté aux Camarades d'aujourd'hui en mémoire de cette grande journée ne saurait se terminer sans un regard porté

vers le lointain avenir, sans une pensée pour ceux qui auront à célébrer le second centenaire; à eux nous tendons la main, avec l'espoir que, fidèles aux idées et aux sentiments qui constituent l'âme du Lycée Henri IV, ils accorderont à leurs devanciers un fraternel souvenir.

Marcel CHARLOT.

TABLE DES MATIÈRES

Première partie. — Histoire de l'Abbaye de Sainte-Geneviève 1
Deuxième partie. — Les bâtiments. 29
Troisième partie. — Les monuments dispersés 47
Notes 57
Le Centenaire 71

www.ingramcontent.com/pod-product-compliance
Lightning Source LLC
Chambersburg PA
CBHW070307100426
42743CB00011B/2388